立人天地

LITERACY IS NOT ENOUGH

有文化还不够：
21世纪数字信息时代的流畅力

21ST-CENTURY FLUENCIES

[美] 李·克罗克特 (Lee Crockett)
伊恩·朱克斯 (Ian Jukes)
安德鲁·彻奇斯 (Andrew Churches) 著

张超斌 译

FOR THE DIGITAL AGE

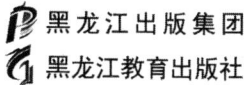

版权登记号：08-2016-003

图书在版编目（CIP）数据

有文化还不够：21世纪数字信息时代的流畅力 /（美）克罗克特（Crockett, L.），（美）朱克斯（Jukes, I.），（美）彻奇斯（Churches, A.）著；张超斌译. -- 哈尔滨：黑龙江教育出版社，2016.1
ISBN 978-7-5316-8074-1

Ⅰ.①有… Ⅱ.①克… ②朱… ③彻… ④张… Ⅲ.①学习方法—研究 Ⅳ.①G791

中国版本图书馆CIP数据核字(2016)第005952号

LITERACY IS NOT ENOUGH: 21ST-CENTURY FLUENCIES FOR THE DIGITAL AGE
Copyright © 2011 by 21st Century Fluency Project Inc.
Chinese simplified translation © 2016 by Heilongjiang Educational Press Co. Ltd.
ALL RIGHTS RESERVED

有文化还不够：21世纪数字信息时代的流畅力
YOU WENHUA HAIBUGOU：21SHIJI SHUZIXINXISHIDAI DE LIUCHANGLI

作　　者	〔美〕李·克罗克特（Lee Crockett）　伊恩·朱克斯（Lan Jukes） 安德鲁·彻奇斯（Andrew Churches）著
译　　者	张超斌 译
选题策划	王春晨
责任编辑	宋舒白　杨佳君
装帧设计	Amber Design 琥珀视觉
责任校对	周维继

出版发行	黑龙江教育出版社（哈尔滨市南岗区花园街158号）
印　　刷	北京鹏润伟业印刷有限公司
新浪微博	http://weibo.com/longjiaoshe
公众微信	heilongjiangjiaoyu
天 猫 店	https://hljjycbsts.tmall.com
E－mail	heilongjiangjiaoyu@126.com
电　　话	010—64187564

开　本	700×1000　1/16
印　张	15.25
字　数	212千
版　次	2016年3月第1版　2016年3月第1次印刷
书　号	ISBN 978-7-5316-8074-1
定　价	36.00元

本书献给21世纪的孩子们,你们是未来的艺术家、发明家、科学家和领袖。我们的目的是略尽绵薄之力,把21世纪的教育转变成与生活息息相关的教育。通过书籍、工作室、各种资源和展示,我们孜孜不倦地为你们发声。我们的存在,就是为了让未来的教育体系帮你们在21世纪斩获流畅力,因为在这个充满变数的时代,这种能力是必不可少的。这个教育体系将让你们胸有成竹地面对你们的未来,而非我们的过去。

21世纪流畅力项目

21世纪流畅力项目旨在通过调查过去几十年来各种变化对社会和儿童的影响，研究当今教育者进化的必要性，致力于带来课堂变化，从而将理想付诸实践。

《有文化还不够》是我们21世纪流畅力系列的第四本书。我们处于一个不断变幻的世界，所以教育也要与时俱进。我们开发的这个系列，共六本书，以及相应的辅助材料，目的是回答五个关键问题。当教师们思考教育者和教育该如何应对全球翻天覆地的变化时，这些问题都是不可避免会被提及的。

为什么要改变？

生活在未来的边缘

《明日之窗》（*Windows On Tomorrow*）

在本书中，我们讨论了范例在塑造思维方面的作用，讨论了技术发展给教育和学习范例所带来的压力，也讨论了技术发展中无法忽视的六个重大趋势及其对未来的教育、学生的学习新技巧、教师的新角色和教育方案意味着什么。

理解数字一代

《新数字背景下的教与学》（Teaching and Learning in the New Digital Landscape）

本书考察了在新数字背景下，长时间接触电子媒体数字爆炸对学生的影响，思考这一现象对未来教育的重要意义。频繁的、高强度的体验对大脑有什么影响？尤其是对于年轻、易受影响的人而言，请来看看最新的神经科学和心理学研究结果吧。

根据调查结果，我们如何干预孩子们的数字体验？这些体验又如何重新连接、重构他们的认知过程？更重要的是，在新数字时代背景下，这对教、学与评估有什么意义？

我们该如何将这些新发展与现有的教育实践相调和？尤其是在一个受高风险测试驱动，充满各种标准、责任的大环境中。既能满足数字时代学习者的学习偏好和沟通需求，又要尊重我们与教、学和评估相关的常规理念、实践，为此我们可以采取怎样的策略？

从何处着手？

数字餐饮

《当今网络时代的数字工具》（Today's Digital Tools in Small Bytes）

本书通过小而简单、挑战性逐步提高的项目，向读者介绍当今的数字时代背景。这是一个属于我们的孩子和学生的世界。数字餐饮将会帮助读者摆脱几分傲慢，刺激他们数字体验的新陈代谢，通过使用一些简单而强有力的数字工具来和孩子们保持步伐一致。

这种教学方式在我的课堂上会是什么样？

有文化还不够

《21世纪数字信息时代的流畅力》（*21st-Century Fluencies for the Digital Age*）

只根据传统文化的标准来搞教育已经赶不上时代的步伐了！想要在21世纪运筹帷幄、游刃有余，就得研发一套完全不同的技巧，即本书中提出并详细解释的21世纪的流畅力。为了保持平衡，本书介绍了一个将这些流畅力融入传统课程的框架。

21世纪流畅力项目工具箱

这些工具主题明确，分年级设计，目的在于将21世纪流畅力的教学融入当代课程与课堂。其中包括了详细的学习场景、资源、范例和课程计划，还附带了为高科技、低科技或无科技技术教学实践提出的建议。另外还有一些补充内容以及21世纪流畅力项目中各项目的标准。

学习程序

《40个最佳iPad/iPhone/iPod Touch程序》（*40 Best iPad/iPhone/iPod Touch Apps*）

在21世纪的课堂里，便捷性已经开始在学生的学习体验中扮演重要角色。他们常常下意识使用的数字设备随处可见，也可以转化成用于学习、创造和发现的强有力工具。

这套书共三册，详细介绍了课堂上或行动中都可以使用的移动程序，如公用程序、大众课堂程序和一些配有特殊学习工具的专用程序。每本书都针对一个具体的年级段，小学阶段、初中阶段和高中阶段各一本。

《学习程序》（*The Apps For Learning*）套装让你和学生们看到如何最大化地利用多功能的移动科技，将课堂学习转变成个人的数字探索历程。

21世纪流畅力项目网站

www.fluency21.com

我们的网站列有补充材料,为使用21世纪教学法的教师们提供支持。通过本网站,教师们能够获得预先做好的课堂计划,利用21世纪流畅力来教授传统内容。网站还为教师们提供空白模板,他们可以自己设计教授21世纪流畅力的课程。另外还有一些共享资源以及一个提供其他合作与支持的论坛。

如何为21世纪设计高效课堂?

数字一代的教育

《别让高中千篇一律》(*No More Cookie-Cutter High Schools*)

世界已经变了,年轻人也变了,但指导高中学校设计——包括教师、学生与教育——达一百多年的根本假设依然继续影响着当今高中学校的设计。事实上,人们对高中该是什么样有着很多看法,所以新学校都无疑是从存在已久的模板中复制出来。摘掉天窗,刨去门厅和高科技扩音装置,如今新兴建的学校其实跟大多数成年人以前读的学校差不多。

这是与现实极不协调的。我们需要一种新设计,将我们对年轻人的了解和他们如何最有效地学习结合起来。这本书描述了一个设计高中学校的新程序,同时提供了若干个如何设置学校才能更好地辅助学习的新模型。

目录 / contents

序	1
第一章 有文化却毫无用处的人	1
第二章 工厂倒闭了吗?	10
第三章 21世纪流畅力项目	20
第四章 问题解决流畅力	26
第五章 信息流畅力	38
第六章 创意流畅力	48
第七章 媒体流畅力	63
第八章 协作流畅力	76
第九章 全球数字居民	85
第十章 21世纪的学习环境	97
第十一章 21世纪流畅力课程	109
第十二章 信念坚定的沙丁鱼	144
样品课程	149
四年级 科学：坚固的石头	149
六年级 数学：我们做到了吗?	167
八年级 社会研究：随心投	185
十年级 语言艺术：伪纪录片	204
参考文献	225

序

只根据传统文化的标准来搞教育已经赶不上时代的步伐了！21世纪的全球劳动力市场受科技驱动，具有自动化、丰富化和易接近等特征，不要说繁荣昌盛，学生们只要想在这种文化中生存，就必须具有独立思考的能力和与之相称的创新性思维。想要在21世纪运筹帷幄、游刃有余，就得培养一套完全不同的技巧。这本书中提出并详细解释了21世纪流畅力（思维六步法、信息能力、创新能力、媒体运用能力、合作能力和全球数字居民），并提供给学生一些学习和应用的方法。

除此之外，本书还探讨了21世纪的学习环境，详述了开发情景教育和单元计划的过程。与当今市面上相关主题的大多数书籍不同的是，我们不只问"为什么"要改变，还致力于"如何"去改变。通过全球展示和工作室的活动我们发现，人们相对理解了为什么需要转变，教育者们也希望听听如何转变，而这正是《有文化还不够》的要旨所在。

今时今日，我们所面对的学生形形色色。技术进步正从物理和化学的角度改变着孩子们的思想，从而改变了他们的学习方式和学习偏好。孩子们和我们的成长环境大不相同，教师们接受的培训和学校的设置需要做出相应的调整。

谈完各项能力，我们会简要讨论在21世纪的环境中该如何学习，这就涉及了本书的主要部分，即给出详细的指导，既能调整标准，帮你把课堂变得有声有色，又能培养21世纪的流畅力。我们将带你领略其过程，提供一份我们在工作室和单元计划制订中所用到的范例。本书的末尾提供了几个完整单元的样本，还有一些供你自己制订单元计划用的模板。

正式开始之前，我们邀您一起来读一读我们为老师拟就的一首诗，它完全概括了我们的理念和在工作中竭力想要达成的目标。

老师是什么？

老师是什么？

老师要领学生入门，不是看门的。

学习是什么？

学习是一段旅程，而不是目的地。

发现是什么？

发现是质疑答案，而不是给出回答。

过程是什么？

过程是激发思想，而不是讲完课本。

目标是什么？

目标是开拓思维，而不是单纯解决问题。

考试是什么？

考试是化茧成蝶，而不是死记硬背。

学习是什么？

学习不是标新立异，而是尝试新事物。

教学是什么？

教学不是告诉学生要学什么，而是教他们如何去学。

学校是什么？

我们想让学校成为什么样，它就是什么样。

——阿兰·格莱特霍恩（Allan Glatthorn）

第一章 有文化却毫无用处的人

> 教育使很多人有了读书的能力,却没能让他们分辨哪些值得去读。
> ——G.M.特里维廉(G.M. Trevelyan)

数年前,我们受邀到一次国际教育会议上发表讲话。做完展示后不久,我们听到评论员——某个备受瞩目的国家的教育部长——做出如下评述:"我们的学生在第三次国际数学和科学教育研究中名列前茅。"

之后,他又补充道:"问题是他们能力不足,遇到重大事件大多完全不知所措。他们不过是一群有文化却毫无用处的人罢了。"

我们震惊得话都说不出来。有文化却毫无用处的人?

他这话到底什么意思?

他要表达的意思,是他那些成就卓越的学生都深受学校的荼毒,只擅长跟学校相关的活动。他们被培养出了许多特殊能力,比如死记硬背应付考试、书写答案所必需的技能,从而能够在学校体系中肆意畅游。他的意思是,大多数学习成绩好的人之所以学习成绩好,大部分是因为他们很擅长玩这个被称作"学校"的游戏。

但他却将这些人称作"有文化却毫无用处的人"。他还指出,在他们国内,许多学生,尤其是那些学习成绩好的学生,并不具备众所周知的生存能力。对他而言,具备生存能力是让学生掌握高阶思维技能和处事能力,从而取得超越书面考试之上的成就,使他们能够在学校之外的真实世界中生活、工作,在现实社会里解决现实问题。

我们很好奇:学习成绩好与生存能力强之间有什么差别?是什么使得那些学习轻而易举、考试成绩优异的学生无法面对社会的考验呢?这到底是怎么回事？

对学校学习的期望和如何满足这些期望进行了大量讨论之后，我们总算得出了一个答案。这个答案与我们该如何去教学生学习和思考有关。

孩子们刚刚步入小学校门时，教师们会告诉他们该做什么，怎么做，什么时候做，做的时候坐在哪里，甚至还说明坐多久。他们在学校的主要精力越来越集中在掌握学习内容和在严格控制的教育环境中通过背诵来学习。

在这个世界上，掌握内容被认为比对内容进行批判思维更重要。教师们告诉学生怎么做才能通过考试、不挂科、升学、更上一层楼，直到最后毕业。

所有的答案都是预先准备好的，等着那些愿意且有能力参与这个被称作"学校"的游戏的人去吸收。这些人学习成绩优异，在相互依赖的文化中游刃有余——依赖教师，依赖课本，依赖考试。

接着，在教育系统内待了13年或更久之后，学生们毕业了，这么多年来一直将他们圈围起来的教育基础设施突然被移走，刚刚踏入现实世界的他们，很多都跌得灰头土脸。作为教育者，我们也不明白究竟是谁最先创造了这种依赖文化。

逐步撤退

现如今，在学校里风风光光并不能保证在生活里也顺风顺水。问题到底出在哪里呢？答案在于我们总是想让学习者屈从于我们。不知什么时候，我们忘记了培养学生独立的思考能力和行动能力的必要性。

为了帮助学生们成功地从学校过渡到现实生活中，我们必须改变传统，把学习的责任从教师转移到学习者（这一责任原本就属于他们）身上。作为教育者，我们不应该再强求学生的屈从，而是逐渐降低自己的参与度。

这听起来简单，实际上却是一个错综复杂的任务。为了成功实现这一改变，每一位与教育相关的人都必须全身心地接受它：政治家、政策制定者、管理层、教师、家长，甚至还有学生本身。全新的教与学范式应该具有逐步撤退的特性，我们的责任应当是保证学生从学校毕业之后不再对我们有任何需求。

这和我们作为家长的责任是一样的。回想一下孩子们头一次走路时慢慢挪动的脚步。他们站着都摇摇晃晃，摔倒更是必然的事情。此时你在做什么呢？你有没有跑过去，指着他们，说"39分，不及格！"或"噢，我给你打28分，C－。不好意思，给了你5次机会，以后没机会啦。"答案当然不是这样了！相反，我们鼓掌喝彩，扶他们起来，拂去他们身上的脏物，擦去他们的眼泪，鼓励他们再试一次，因为我们明白，这是我们作为父母的责任。

养育儿女虽然既困难又具有挑战性，尤其是孩子们青春期的时候，但我们的责任依然是帮他们独立自主，使他们未来的生活能够靠自己。

那么我们该怎么做？难道不再帮学生们搞好学习成绩，而只把注意力集中在如何帮他们掌握生存技能上吗？当然不是！既要帮学生搞好学习成绩，又要帮他们掌握生存技能，这不是选一个弃一个的问题。

朝着21世纪的学习大步迈进

我们要扪心自问一些更加深刻的问题。比如，我们想让学生成为什么样的人？我们想让他们有何种感受，思考些什么？他们必须做哪些事情，才能清清楚楚地说明他们已经做好准备离开学校，具有到真实世界中去工作、生存和娱乐的意志力呢？

这些问题并不容易回答。我们生活在一个信息大爆炸的动态世界，信息内容的数量和复杂性呈指数级增长。在这个不断变换的环境中，数字内容触手可及，学习者必须掌握筛选内容的能力。如影随形般的各种考试并不能给他们提供在这个世界上获得成功所需的工具。工作、生活和娱乐的成就将大大取决于他们理解新旧信息，并应用到新问题和新环境中的能力。

> 新的经济形势已经逐步消灭标准化的工作岗位了，而学校教育依然在采用标准化的学习和标准化的考试，这实在是荒谬。

获取信息的途径不在考虑范围之内。信息瞬息万变，触手可及，所以学习者要能够分辨信息，创造性地消化信息。在这个全新的数字时代，在现实世界、现实社会和实时任务中使用高阶思维和独立的认知技能至关重要。我们的学生一定要将之前所学应用到新的情境和不同的挑战中去。

我们坚定地认为，在学习好的学生身上实施"逐步撤退"、培养生存能力需要现行教育模式大变身。这种大变身要求我们重新思考学校、教室和学习环境的设计。

与此同时，我们还要重新思考教学设计、学习的构成乃至聪明才智的定义等方面的构想。最后，我们还要重新思考如何评估高效的教育和高效的学习。因信息大爆炸而呈指数级增长的信息内容已经超越了传统的学校科目，进入了更加新颖、具有全球视野的21世纪内容领域：金融、经济、商业和创业素养；公民素养；健康与养生意识；领导力；宗教；以及责任意识等，不胜枚举。要想成为独立的学习者，就需要培养两种技能：从极为重要的认知智能中生发出来的技能和从情绪智能中生发出来的技能。

认知智能

这些能力主要涉及高阶理性思维技能，其中包括管理信息、理解信息、验证信息、交流信息和以信息为依据做出行动。认知智能包括抽象推理、解决问题、交流、创造性、创新能力、情境化学习、技术信息和媒体运用能力，这些都是在内容领域背景下使用的技能。

情绪智能

情绪智能由四种主要技能组成，分别是自我意识、自我管理、社会意识和人际关系管理。

现如今，诸多证据表明，通过在情绪智能中推行学习策略，就可以收获巨大影响。情绪智能在培养生存能力方面尤其重要。

评估学习

别忘了还有评估内容和如何评估学习的问题。标准化的考试，比如鼓泡试验和填空考试，都只应用了少量理性认知技能。真正的学习比这复杂得多。

五个根本性变革

如果我们想改变学习成绩好与生存能力强之间越来越大的分隔，最根本的就是彻底地改变学校。如果我们想建设与学生的未来更加息息相关的学校，如果要让学生们胸有成竹地迎接那个等待着他们的现实世界，就必须至少做出五个方面的根本性变革：

1. 接受新数字背景的现实——托马斯·弗里德曼（Thomas Friedman）在《世界是平的》（*The World is Flat*，2005）一书中描述了一个网络化、计算机化的世界，学校也必须接受新数字世界的现实。出了校门，数字时代已经从根本上彻底地改变了人们的行为方式，并且无可挽回。这不仅适用于商业，也适用于生活的方方面面。

必须强调的一点是，这并不意味着要让学校配备高速网络，或者让学生学会使用平板电脑、手提电脑或手持设备。如果有高科技资源可供利用，却被用在了强化有关教、学和如何评估学习的旧思维、旧构想上，那就没什么大的变化了。教育转变指的是全面发展认知智能和情绪智能，因为它们在21世纪的文化中越来越被看重。同样地，这根本上是一个头脑或思想问题，而非硬件问题。

2. 既提供指导，也提供途径——新数字背景使学生们能够在课堂之外获取信息和学习体验。传统上作为教师和成人世界才有的体验，如今学习者也可以参与其中。在家里、车上或商场中，无论何时何地，学生们都可以从朋友、熟人那里获取信息、音乐、原创内容、多媒体和全动态彩色视频，也能从看法截然相反的人那里获取这些内容。然而，由于现行的僵化考试模式存在，我们无法正确引导、帮助学生培养一些技能，使他们能够利用这些强有力的工具来高效地交流。结果呢，往往是学生们决定去哪里、如何到达、到达之后做什么，而非教师做决定。

许多成年人、决策制定者和教育者在这个新数字世界中与学生不同步，即便有时间，我们也没有经验、技能或最基本的意愿去帮助他们，这更是雪上加霜。学校和教师顽固地利用新工具来强化有关学什么、怎么学和如何评估学习的旧思维。

为了理解新数字时代，为了衡量学生们的世界，我们必须主动融入这个世界，直面新数字时代的现实。如果我们不能认同，不能"理解"，就无法把学校构筑成与数字一代当今和未来需求息息相关的机构。

3. 改变思维——我们必须利用数字一代现有的思维模式进行转变。他们生活、工作在一个充满多媒体、网络、多任务、随机读写、彩色图片、视频、音频和视觉冲击的世界中。

正如史蒂文·约翰逊（Steven Johnson）在《坏事变好事》（*Everything Bad Is Good for You*）中所指出的，这些新技能在我们的学校中并未得到广泛认可、评价和利用。原因在于这些新兴的技能通常不会反映出我们对文化的传统定义，它们受19世纪和20世纪的科技限制，平板电脑、个人电脑、网络、手机和其他类型的电子科技都只存在于科幻中，所以定义具有局限性。

我们必须认识到，由于这个新数字时代背景的存在，学生们不仅要创新思维，他们的学习方式还要有异于我们。只有接受了这一现实，我们才能开始重新考虑、重新设计学习环境、教学方式和评估学习的方法。

4. 教"全学习者"——我们必须扩大评价范围,将能够为学生学习提供全景的活动囊括进来。管理学大师汤姆·彼得(Tom Peter)说过,"能衡量,始能执行",反之,"不能衡量,则无法执行"。

将衡量范围扩大到不仅包括信息回溯,这是势在必行的。大卫·马斯特斯(Dave Masters)这样类比:

> 通过测量一个人的身高和体重,你可以清楚地知道此人的健康状况如何。但如果有个医生只测量了你的身高和体重,说这就是你的健康状况,你还会去找他看病吗?答案显然是否定的。要想准确地判断一个人的健康状况,需要多项检测——血检、血压、尿检、胆固醇、肿块检查等。

学校利用衡量信息回溯和入门级思维的标准化工具来检测学生,认为该结果完全反映了学生的学习情况。这绝对是夸大其词了。想要达到这一目的,就得衡量学生学习的表现、实证以及利用理论解决现实问题的能力。

我们的学校体系错误地认为,所有人都是一样的,严重地忽略了人各有其特点这一事实。孩子们的面貌不同,学习方式也各不相同,但由于大多数孩子的受教育方式相同,自然就有些人会成绩不好,所以再继续把标准化学习、标准化测试当作评估学习情况的唯一办法,纯粹是无稽之谈。与此同时,新的经济形势正在消灭标准化的工作岗位。如果说当今学子们十年乃至二十年后肯定会做某件事的话,那就是他们将从事形形色色的职业,所采用的也不会是同样的知识体系。教育需要变革的原因就在于此。

5. 强调实质性和关联性——最后一点,如果我们想要提高学习的实质性,就必须加强学校教育与外界之间的联系。此处的关键在于学生必须明白他们所学东西的实质性,不仅理解其内容,还要知道这些内容的背景,才能应用到学校之外的世界中去。

为了达到这一目的，学校必须与外界接轨。管理者、教师、家长和学生们必须齐心协力，把外部世界引入课堂，同时把学生融入社区中去。新的科技和对新数字时代背景的理解都会对我们大有裨益。网络世界为地方和全球社区创造了虚拟的高速公路和虚拟的走廊。

既要学习成绩好，也要生存能力强

为了充分开发所有学生的智力和创造力——让他们胸有成竹地应对未来，而非过去——我们必须提供相关的21世纪技能，在他们和我们的世界之间构筑一条沟通的桥梁，这对于提高学习成绩和生存能力都至关重要。

我们必须另辟蹊径，改变学校的传统组织机构；我们要揭穿长久以来在教与学、教室的设置、学习地点和学习所需资源等方面毫无依据的构想。

我们还要重新检视时间的使用——授课日和学年长度、学校时间表和用于教学传授的传统方式；必须考虑网络、网站、虚拟学习等强化、扩大、转化传统教室中教师角色的潜力。

换句话说，只有回答了与学校现在如何和将来应该如何的构想相关的强有力的问题，才能够让学习成绩好的学生提高生存能力。

本章要点总结

- 全新的教与学范式应该具有逐步撤退的特性，我们的责任应当是保证学生从学校毕业之后不再对我们有任何需求。
- 学习者必须能够超越掌握内容回溯的能力。工作、生活和娱乐的成就将大大取决于他们理解新旧信息，并应用到新情境、新问题和新环境中的能力。
- 要想成为独立的学习者，就需要培养两种技能：从极为重要的认知智能中生发出来的技能和从情绪智能中生发出来的技能。
- 教育转变指的是全面发展认知智能和情绪智能，因为它们在21世纪的文化中越来越被看重。同样地，这根本上是一个头脑或思想问题，而非硬件问题。
- 为了理解新数字时代，为了衡量学生们的世界，我们必须主动融入这个世界，直面新数字时代的现实。
- 我们必须认识到，由于这个新数字时代背景的存在，学生们不仅要创新思维，他们的学习方式还要有异于我们。
- 想要达到这一目的，就得衡量学生学习的表现、实证以及利用理论解决现实问题的能力。
- 学生必须明白他们所学东西的实质性，不止理解其内容，还要知道这些内容的背景，才能应用到学校之外的世界中去。

本章思考题

- "有文化却毫无用处的人"这一定位对你有什么启发？
- 我们现在是如何教学生学习和思考的？为何需要转变？
- 为了清楚地展示自己已经准备好走出校门，到现实世界中工作、生活和娱乐，孩子们应该做些什么？
- 我们对教学设计、学习构成以及何谓聪慧有什么样的构想？

第二章 工厂倒闭了吗？

在过去20年间，美国有50000家工厂倒闭。

——议员伯尼·桑德斯（Bernie Sanders）

（乔恩·斯图亚特每日秀，2011年4月28日）

科技改变一切。电话、电台、电视以及最近出现的网络，它们把我们所在的世界变得越来越小。随着新科技和全球交通基础设施的发展，各大公司转向更便捷、更迅速、更经济的方式在海外生产。然而，结果却是美国的工厂岗位几乎彻底消失了。

去工业化已经进行了几十年。这一趋势曾一度成为我们的重大关切所在，可普通消费者现在似乎也能理解当今市场的现实状况。人们明白，海外生产成本更低廉，就算要把原材料运到半个地球之外，在那里组装之后再把成品运回来，也在所不惜。"中国制造，沃尔玛销售"已为我们所接受。

美国工厂的生与死

但这对你家后院的影响如何呢？2010年6月19日，《纽约时报》做出如下报道：

> 看到父亲在惠而浦冰箱厂做工挣了大钱，娜塔莉·福特也满心希望到那里工作，多年后看着自己20岁的儿子也到那里工作，她感到欣慰。
>
> 然而，由于惠而浦打算在周五关闭这家工厂，并将生产场地设在墨西哥，1100个工作岗位随之消失，这个家庭传统也很快就要终

结了。在这座印第安纳州南部的城市里，群情激愤，也有人伤心不已——为这座城市失去长久以来的经济支柱感到悲痛，也为失去一代又一代通往中产阶级之路的砝码而伤心。

"这都是大公司贪婪无度的结果，"19年前在惠而浦谋得职位的福特女士如是说。"这给我家和工厂里的每一个人都造成了沉重的打击。我不知道未来2年或4年内我们将身在何处。这附近的工作岗位不多。这个社区该靠什么生存下去呢？"

在国内经济挣扎着寻求动力之时，惠而浦的这一举措是在扯后腿，极不受欢迎。在过去十几年的时间里，美国已经失去了将近600万个工厂工作岗位，占制造业工作岗位的三分之一。这一行为不过是延续了这种趋势。

过去十几年时间里消失的这600万个工厂就业岗位是一去不复返了。工厂消失的速度并未减缓，也未停滞。全国范围内拥有大工厂的大公司都在给人吃闭门羹：威斯康星州基诺沙的克莱斯勒引擎工厂；伊利诺伊州洛哥提的完美工业公司的纺织工厂；以及铅印和影印有限公司在田纳西州戴尔斯堡市、内华达州雷诺市、田纳西州克拉克斯维尔市、俄亥俄州莱文农市和密西西比州柯林斯市的印刷工厂。（2010年）

旧时代的工作

前总统伍德罗·威尔逊（Woodrow Wilson）曾就公共教育做过如下评论："我们让一个班级（阶级）的学生拥有自由受教育的权利，而对于另外一个人数更多、更具存在必要性的班级（阶级），我们则要求他们摒弃自由教育的权利，只去从事一些难度大、具体的手工劳动。"

这一陈述中所反映的是承诺自由教育和实现美国梦。被选中的少数去接受高等教育，拥有卓越的职业生涯。而那些没有被选中的，就在街角随便哪家工厂就职，做着相对稳定的工作，拿着丰厚的薪水。在这里工作不需要大学学位，甚至连高中学历都不需要，你只需身体健壮，掌握基本技巧。辍学之后，只用一周时间就可以训练有素，迅速上岗。

拼命争取良好教育的人们相信，这会帮助他们找到好工作。拥有学位被看作掌握通往未来的钥匙。人们常常说，只要努力学习，学习成绩好，进了心仪的大学，拿到学位，好工作和无尽的机遇都在等着我们。可在如今，这还是真的吗？

距离的消失

白领工作众人艳羡，但在现实中，这些仍然不过是工厂职位罢了。不管你是拧扳子，还是耍笔头，其实都没什么区别，两者都是一般的认知工作，只是后者不会弄脏双手罢了。问题也正出于此。一般的认知工作常常被外包出去：纳税申报员、簿记员、资料录入员、电脑程序员、法律研究员、话务中心职员、前台招待员和私人助理等，它们的共同之处就在于涉及重复的日常智力劳动，做这些工作的人不一定必须在本地。

通过电子途径实现全球互通意味着距离的消失。正如工厂岗位被外包到劳动力价格低廉的地方一样，在互联网世界里，把文件发送到三楼或第三世界国家没什么区别——完成发送所需的时间相同，而且几乎是瞬时完成的。

就连解读核磁共振和X光射线检查结果的人做的也是日常认知工作。如果说，在芝加哥做的核磁共振结果是由亚洲的一位技术人员来分析，然后在你驾车去医生办公室的时间里，分析结果也已经传了过去，你会感到吃惊吗？

如今，聪明的雇主以项目为基础，在虚拟世界中招募全球工作团队。例如，在世界范围内的任何一个行业，从设计师到作家，再到资料输入员和程序员，都有超过500万个私人承包商通过oDesk——网络外包服务平台之一——与雇主相互连通。从这里雇人的花费和从美国雇人相比，只不过是九牛一毛。发布一份职位需求，几分钟内就能得到十几份合格者的申请。系统里列出了每一位申请者详细的工作经历和其他雇主的反馈信息，且不需要查证明材料，只需查反馈信息就行了。系统跟踪记录承包商的工作，计算鼠标和键盘点击次数，每隔10分钟抓拍一次屏幕。如果雇员没努力工作，你随时都可以看到。想象一下，在美国现代化办公室内装这么一个监督责任心的系统，该遇到多大的阻力！

以项目为基础来雇佣那些想要得到这份工作的雇员，所需的花费还比从美国本土雇用人才少很多，这对雇主颇具吸引力。没有劳动力争端，无需减税，不用发福利，不需要让雇员休假，也不用发津贴，就能得到成果。或许有些人会把这看作外包，但这其实是做生意的新方式。无论你喜不喜欢这种方式，它都是工作场所的现状。因此，成千上万的工作岗位都在不断消失，主要是因为有了科技，公司就能把工作分到海外去做。就像在制造业内一样，其他地方的人愿意做一些日常认知工作，即便所得费用比美国人做这种工作少得多。

2011年3月，oDesk承包商在线时间超过160万小时，所得佣金为16530216美元。89%的工作都是由雇主所在国之外的雇员在线完成的，而oDesk只不过是提供此类服务的诸多平台之一。

新时代的工作

结果，凡是能够外包或送到海外完成的工作，就必然会外包或送到海外完成；凡是能自动化操作的，肯定会自动化操作；凡是能转化成软件作业的，肯定会转化成软件作业。在日益全球化的经济体系中，这是商业保持竞争力的唯一途径。日常认知工作，比如制造业，几乎可以随处完成——它已经彻底摆脱了地域依赖性。

我们看到，几乎所有事情都可以通过外包完成。于是，待在学校就能找到好工作这个伟大的教育真理变成了教育谎言。拥有学位不再保证能找到好工作。雇主可以雇用一个水平相当的雇员，没有任何麻烦或长期契约关系制约，所付出的费用也相对较少，你说他们会选择谁？如果是你，你会选择谁？

有文化还不够：21世纪数字信息时代的流畅力

创造力——新要素

要想在这个新全球经济体系中保持竞争力，我们要向符合21世纪学习环境的教育方式转变，为学生武装最符合需求的技能，即完成非日常认知的任务所需的创造力、横向思维和解决问题的能力，而非很容易按照客户要求完成的、自动化的或者可以通过软件完成的工作能力。

在《创意阶层的崛起》（*The Rise of the Creative Class*，2003）一书中，理查德·弗罗里达（Richard Florida）指出，劳动者可以分为四个基本群体：农业阶层、工业阶层、服务业阶层和创意阶层。

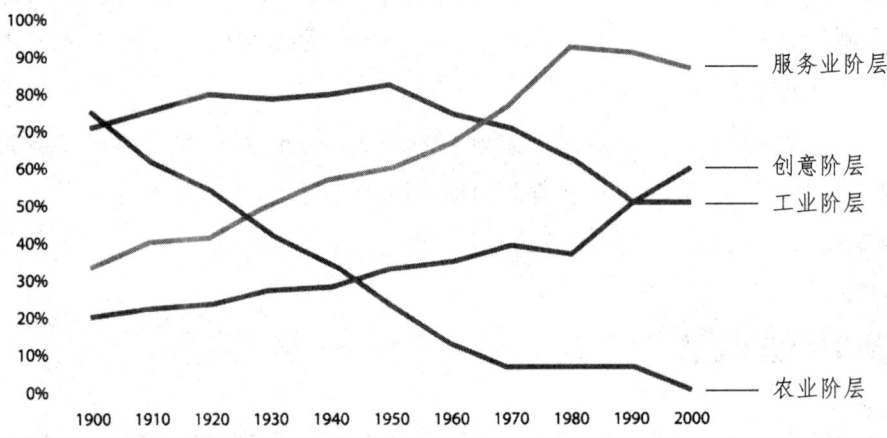

农业阶层——1990年，几乎40%的工人都从事农业。当然，那时候大多数工作都是由人手工和牲畜完成的，工作时间特别长。多年来，机械逐渐取代了人工，农业生产的效率大大提高。如今，农业劳动力只占总劳动力的2%不到。以前由许多工人和牲畜才能完成的工作，现在只需一个工人和一台机器就能搞定。事实上，在某些情况下，连这一个工人都省掉了。你是否见过割草工独自一人割完草跑到小休息站的情景？你知道这世界上存在一种利用同样的科技，割完草就能跑去休息站的拖拉机吗？或者往小了说，一台机器人就能给你擦地板，给你清理游泳池，或者给你清理肠胃。

工业阶层——这个群体包括传统的制造业工人，这类工作要求他们具有基本的工作技能。第二次世界大战刚刚结束的时候，这类工作达到了顶峰，之后便逐渐走了下坡路。关于这方面和制造业走下坡路的原因，我们已经详细讨论过了。工业阶层的工作永远都会存在，但被全球化隔离出来的工作主要都是依赖工作地点的，比如建筑业。

服务业阶层——服务业阶层包括依赖工作地点的工人、服务业从业者或从事护理型职业的人，还包括日常认知工作从业者。此类工作岗位在1980年达到顶峰，之后便逐渐衰落。原因何在？答案是个人电脑的作用越来越大。我们提到过，日常认知工作逐渐被外包出去，同时也在不断地自动化。这么想想：每当你用软件处理税务，用电脑预订酒店、航班、租车或预订演唱会门票，都是在无需和他人互动的条件下就能完成的。如果在线购买互惠基金、交易股票或处理银行业务，你就出了一份力，让某个人的工作被电脑取代掉了。听起来似乎有些过激，但这是铁打的事实。

当然，这些在线服务十分便捷，我们绝对不是怂恿你别去用它们，而仅仅是为了说明工作岗位消失的原因。能够自动化操作或用软件操作的工作岗位必然会消失，有些工作可以轻而易举地通过外包完成，30年来，该行业劳动市场消失的原因就在于此，而且没有迹象表明这一趋势会发生逆转。

创意阶层——创意阶层做的是非日常认知工作，他们每天都在应用21世纪的技能、抽象和高阶思维方式。有趣的是，你会发现，当服务业阶层开始减少的时候，正是创意阶层开始生根发芽的时候。这在图表上并非细微的变化，而是急剧的转折。两个群体发展与衰退的原因是相同的：大众有了消费个人电脑的能力。然而，与服务业阶层工作不同的是，创意阶层的工作从科技中得益，而没有被科技所取代。

服务业阶层正在迅速消失，但依赖工作地点的工人却是个明显的例外。因此，判断你的弱点或未来一代的弱点时，就要扪心自问，电脑是否有助于提高工作速度，或者别处的人是否能以更低的费用来完成你的工作。如果答案是肯定的，你的工作岗位很可能正在消失，未来肯定会消失。这就是全球经济学的作用。

有文化还不够

作为父母和教育者，我们的工作就是让孩子和学生们胸有成竹地应对学校之外的人生。如果他们意在功成名就，我们就很有必要让他们做好进入社会的准备。只可惜，现今的学校并不是为了这一目的而设计的。通常情况下，学生想在学校取得好成绩，只需要具有死记硬背、写完就忘的本领即可。我们称这种本领为信息暴食症，它是长盛不衰的学界传统，是我们把学校这个游戏玩得得心应手的妙招。

每当向学生和家长再三保证只要达到国家标准，学生就掌握了应付下半生的砝码时，其实我们并没有说实话。举个例子来说，鲍勃·马扎诺（Bob Marzano）的研究告诉我们，孩子们在课堂上做的作业，有80%~90%都集中在记忆事实和低阶思维过程上。然而，有赖于这些技能的日常认知工作正在不断地消失，或者正在被外包出去。

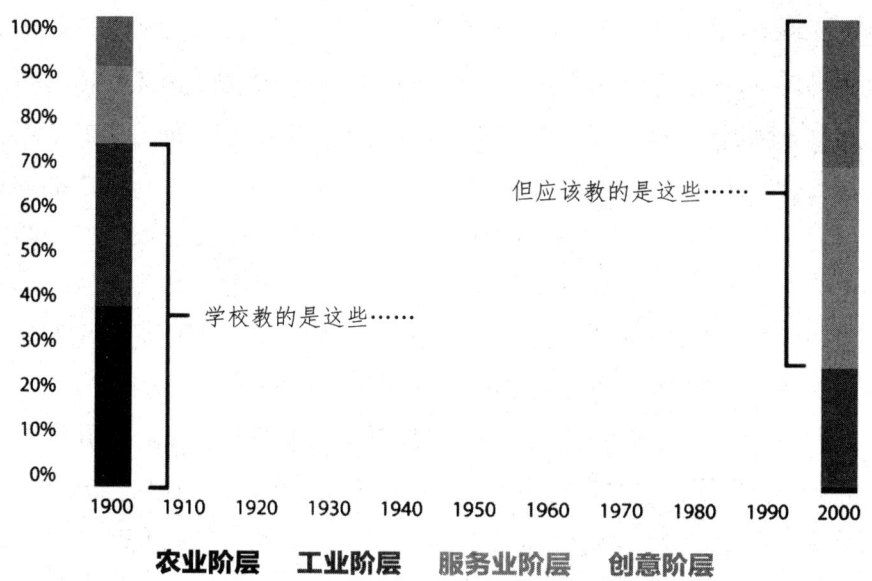

学校的课程是为这样一个时代设计的——四分之三的人口都从事农业和制造业的时代。这样的时代已经一去不复返了，可我们的教育机构依然采用传统结构、传统组织形式、传统的教育方式、标准化的学习和标准化

的考试，可与此同时，我们的经济社会又正在消灭标准化的工作岗位。

如今，四分之三的劳动力从事创意阶层和服务业阶层的职业。学生们要想在21世纪的劳动力市场中生存，就必须培养符合21世纪需求的技能。事实上，更进一步来说，这些技能远比当今课程中教授的大多数传统内容更重要。

文化与流畅力

这里花点时间来做一个重要区分。我们的目的就是要实现转变。之所以用21世纪流畅力这个术语，而不是21世纪文化或21世纪技能，我们有自己的理由。请仔细思考一下这些术语之间的区别。

当我们能够读写一种语言时，就具有了交流能力。然而，此时我们的注意力却集中在语言结构、翻译、发音和表达上。当我们熟练运用一种语言时，各种思想在大脑中形成，自然而然脱口而出。二者的高低显而易见。

我们关注的是思考如何去表述，而不是翻译或发音，这样才能更有效地表达自己的真实意图。

对于正在学习写作的孩子们来说，这同样适用。他们注重的是用手中的纸笔遣词造句，而随着年龄增长，这些工具每天都会使用，工具和过程就不再那么重要了。我们的思想直接通过工具呈现出来，至于是用铅笔还是键盘，也不重要了。

读写阶段并没有涵盖学生们在学校之外所需的基本技能，所以标准应当有所提高。我们的目标是流畅阶段——在这个阶段，这些技能已经内化，变成了透明的，变成了下意识过程的一部分，因而不会阻碍我们的思维。

改变很困难——你先来！

我们把当今的教育者看作领路人，他们要承担风险，敢于接受新的教育理念。21世纪的学习模式号召学习者参与其中，不怕吃苦。他们要做好超越课本的准备，发挥创造力，找出符合现实社会的方法来解决现实问题。这就要求教师主动放弃控制权，成为学习的推动者，而非知识的看门人。

你就是这样的教育者，你有能力改变教室内的情况。读这本书，说明你已经有了做出这一转变的意愿。你很可能明白为什么就"教育为何需要变革"写了这么多内容，真正缺乏的是"如何做"。我们的目的就是帮你把课堂变成21世纪的学习环境。如果我们不谈及教育者应具备的21世纪技能，又怎么能认真对待孩子们应该具备的21世纪技能呢？在接下来的几章里，我们将说明21世纪流畅力是什么，如何既能帮助学生培养这些能力，又能达到终极目标。

本章要点总结

- 过去十几年时间里消失的这600万个工厂就业岗位是一去不复返了。工厂消失的速度并未减缓，也未停滞。
- 日常认知工作逐渐被外包出去。聪明的雇主以项目为基础，在虚拟世界中招募全球工作团队。
- 要想在这个新全球经济体系中保持竞争力，我们要向符合21世纪学习环境的教育方式转变，为学生武装最符合需求的技能，即完成非日常认知的任务所需的创造力、横向思维和解决问题的能力，而非很容易按照客户要求完成的、自动化的或者可以通过软件完成的工作能力。
- 学校的课程是为这样一个时代设计的——四分之三的人口都从事农业和制造业的时代。
- 我们的目标是能力阶段——在这个阶段，这些技能已经内化，变成了透明的，变成了下意识过程的一部分，因而不会阻碍我们的思维。
- 教育者要承担风险，敢于接受新的教育理念。他们要做好超越课本的准备，发挥创造力，找出符合现实社会的方法来解决现实问题。他们要主动放弃控制权，成为学习的推动者，而非知识的看门人。

本章思考题

- 在一个四分之三的人口都从事农业和制造业工作的时代里，我们的学校是如何设计的？
- 读写阶段和流畅阶段之间的主要区别是什么？为什么说思考学生的教育结构非常重要？
- 做"学习的推动者"，而非"知识的看门人"，这意味着什么？

第三章 21世纪流畅力项目

21世纪的文盲指的不是那些不会读写的人,而是不会学习、忘却和重新学习的人。

——埃尔文·托夫勒（Alvin Toffler）

我们的思维和训练不应当再以传统的读写能力——读、写、算三项基本素质——为主要目标和着力点,而应当转到能够反映这个时代的21世纪流畅力和技能上去。

我们学习读、写、算的方式已经发生了翻天覆地的变化。生活在多媒体、超文本、博客和维基百科的时代,读书不再是一种消极的线性活动,它不仅仅涉及文本、阅读文学、操作手册、业务手册、电脑屏幕上的文字或技术指导书等内容。与此同时,书写也已发生改变,它不再仅仅是关乎通过纸笔和文本来进行有效沟通,而是要超乎传统报告书写、表格填写和书面指导的书写。计算也不仅仅是记忆和应用公式、定义和运算法则的问题。

时至今日,学生们有必要掌握更为广泛的技能,这些技能超乎传统的素养,是21世纪所必须具备的,也是在日新月异的社会中进行活动所必需的。在描述这些新技能是什么的过程中,我们总结出了五种技能。下列分类由特德·麦凯因（Ted McCain）和伊恩·朱克斯原创,是《理解数字一代第二部分:行之有效的策略》（*Understanding the Digital Generation Part II: Strategies That Work*）这一主题演讲的一部分。

五种技能

过时的技能

过时的技能是指一度广受重视但已遭摒弃的传统技能。它们并非不良技能，只是不再契合我们现在生活的时代和世界，变得不再重要了。过时的技能包括给马钉脚掌、磨剑、开电梯、制造蜡烛和编排活字等。

传统技能

虽然传统技能的重要性有所折扣，但从认知方面来看，它们还是有些用武之地的。此类技能包括使用杜威十进制进行手算、多位除法、开平方根和手写。这些技能本身并无任何问题，只是由于运用新的科技，应用这些技能的工作可以轻而易举地完成，它们已经失去了往昔的重要性。

举个例子来说，手写是学生在小学培养认知能力的重要技能，在如今的个人记笔记中也举足轻重，但你最后一次手写书信再寄出去是什么时候？有多少商务人士还会给客户寄手写信件？这一招虽会触动心灵，但从总体而言，手写就是重要性今非昔比的典范。

坚持让学生继续培养手写技能，以完成论文或报告，这是典型的工业时代思维，是受制于风光不再的工业时代的技能。还记得当年学生们传递手写笔记的情境吗？新科技是否取代了这一技能？

传统的读写技能

这一套技能的价值一如往昔，其中包括传统的读写技能——如读、写、算、研究技能、沟通技能和传统的面对面社交技能等。

这些技能之所以依然重要，原因在于它们是人际交流的必需品。这些传统技能的重要性一如往昔。

重要性加强或有所分化的传统技能

重要性加强或有所分化的传统技能指的是最近得到推崇的技能。由于信息媒体时代的到来，这些技能在21世纪得到了更多重视。其中包括：信息处理、批判思维、解决问题、了解如何使用各种新科技、了解平面设计、音频制品、图像编辑的原理、充满想象力地讲述故事。

这些不是新出现的技能，而是由于数字文化的出现，它们才日益得到重视。例如，在工业时代，批判思维和信息处理主要通过管理人员完成，其中涉及的劳动力比重非常小。

如今，前沿工作者必须每天搜索在线信息服务，批判地处理所获得的信息，然后为完成日常商务工作做出决定。与工业时代只有读大学的学生才需要这些技能相比，当今时代的大多数学生（不只是学术精英），如果想在走出校门踏入社会后飞黄腾达的话，就必然需要21世纪的流畅力。

21世纪所特有的技能

这些是10年或15年前并不需要的技能，其中许多技能都是随着新数字科技的出现而产生的。这些技能包括掌握社交网络、在线交流、数字居民和21世纪协作等能力。这套技能发展迅速，经常变换，随着新科技的产生和应用，它们能够随机应变。

教育的长短期目标

请扪心自问：在你的学校和课堂上，你关注的是短期目标还是长期目标？每当向教师和管理者提及这一问题，他们常常回答说，自己统筹了长短期目标。或许你以前也这么回答过，不过咱们换个思维方式。

我们努力让学生为明天、下一个课题、下一次考试、下一个学期和下一阶段的教育做好准备，根据前一年的考试数据来做出下一年的教育决策和学习策略。我们观察这些数据，思索如何让下一届的学生在同样的考试中做得更好。这真的是关注长期目标吗？

这一计划表面上似乎统筹了长短期目标，其实不过是一系列短期目标罢了。教育不能简单地重复短期目标，它的真正目的不只是让学生为明天、下一个课题、下一个学期和鼓泡试验或下一阶段的教育做准备，而是要辨识所有学生在学校生涯结束后取得成功所必需的技能、知识和思维习惯。

可悲的是，21世纪已经过去了十多年，我们依然在争论21世纪的技能是什么，21世纪的教育应该是什么样。令人欣慰的是，全球存在着有趣的一致性。我们咨询了不同级别、不同国家的利益相关者，包括家长、教育者、管理层、商务人士和政府官员，他们都提到了同一个问题："要想在21世纪取得成功，学生们最需要什么技能？"

用片刻的时间问自己同样的问题，你会给出什么答案？接下来，给你的同事提出这个问题，下一次职工大会的时候再提出这个问题。无论身处哪个国家，无论利益相关者的身份如何，我们一次又一次地听到同样的答案。以下是我们听到的最多回答：

解决问题：学生需要这一能力去解决现实世界中的复杂问题。

创造力：在数字和非数字环境中，学生要能够创新思维，找出独特而有效的解决办法。

分析思维：学生要具有分析思维，其中包括比较、对比、评估、综合以及无需指导和监督就能应用的能力，同时运用布卢姆分类学习法中的高阶思维技巧。

合作能力：在实体和虚拟空间中，学生要掌握与全球现实和虚拟同伴无间合作的能力。

交流能力：学生要具有交流能力，不仅是使用文本与言语进行交流，而且要能够利用多种多媒体方式。他们必须能够在文本缺失的情况下，通过视频和影像进行可视化交流，且不输于通过文本与言语交流。

道德感、行为与责任感：这一类能力包括适应性、财务责任、个人责任感、环境意识、怜悯之情、宽容等。尽管表述内容略有不同，但各个利益相关者群组（从家长到国家级官员）给出的答案相差无几。

仔细想想，这些才是我们应有的长期目标。如果我们说学生们的教育生涯结束之时，他们必须已经掌握了这些技能，那这些就应当作为我们需要实现的真正的长期目标。现在请扪心自问，你的学生是否正在培养这些技能？

这些技能是否列入了教育大纲？是否存在一个责任体系，供你评估和确保学生正在培养这些重要技能？抑或我们仅仅希望它会自然而然地形成？

> 21世纪已经过去了十多年，可我们依然在争论21世纪的技能是什么。

如果要正视自身的话，我们得承认，自己的关注点几乎全在短期目标之上。如果我们不建立一个结构组织完善的系统来确保学生培养21世纪的技能，就绝对无法帮学生们培养这些技能。他们在学校之外的社会中取得成功所需的技能乃重中之重，不能随意对待。

程序化教授21世纪的技能

到现在为止，想必您和我们一样，都明白了让每一个学生获得21世纪流畅力的紧迫性。当初讨论如何做到这一点和如何帮助教育者实施的时候，我们很快意识到，教育者需要一种程序或系统来教导学生。

"孩子们需要解决问题的技能"这句话说起来容易，但问题来了："这些技能长什么样？它们在现实世界中以什么方式呈现？在我的课堂里该是什么样？如何教授这些技能？学生如何学习这些技能？我该如何来评估？"

我们也有同样的疑问。在接下来的几章里，我们将和各位读者一同探讨21世纪流畅力——为我们之前所说的技能所提倡的结构化流程。教育者可以教授这些流程，学生可以学习并内化这些流程。

不过，这些并不完全是只为学生量身打造的。21世纪的流畅力是我们所有人都需要的程序性技能，教育者自身获得这些技能和在教室里传授这些技能具有同样的益处。

本章要点总结

- 我们的思维和训练不应当再以传统的读写能力——读、写、算三项基本素质——为主要目标和着力点，而应当转到能够培养批判思维和解决问题的技能上去。
- 技能共分五种：过时的技能，传统技能，传统的读写技能，重要性加强或有所分化的传统技能，21世纪所特有的技能。
- 与工业时代只有读大学的学生才需要这些技能相比，我们时代的大多数学生（不只是学术精英）如果想在走出校门踏入社会后飞黄腾达的话，就必然需要21世纪的流畅力技能。
- 教育不能简单地重复短期目标，而是要辨识所有学生在学校生涯结束后取得成功所必需的技能、知识和思维习惯。
- 21世纪学习者的长期教育目标：解决问题、创造力、分析思维、合作能力、交流能力、道德感、行为和责任感。
- 21世纪的流畅力是我们所有人都需要的流程技能，教育者自身获得这些技能和在教室里传授这些技能具有同样的益处。

本章思考题

- 除了本章提到的技能之外，你觉得学生想在21世纪取得成功还需要哪些技能？
- 现存的学习和思维方法是如何妨碍长期教育目标的？
- 教育者自身获得21世纪流畅力有哪些益处？

第四章 问题解决流畅力

所谓问题，只不过是披着外衣的机遇。

——亨利·凯泽（Henry Kaiser）

毫不夸张地说，有关科技对今日商业影响的书籍着实不少：托马斯·弗里德曼的《世界是平的》、丹尼尔·平克（Daniel Pink）的《全新思维》（*A Whole New Mind*）、杰瑞米·里夫金（Jeremy Rifkin）的《未来的工作》（*The Future of Work*）、唐纳德·泰普斯科特（Donald Tapscott）的《维基经济学》（*Wikinomics*）和笔者所著的《生活在未来的边缘》（*Living on the Future Edge*）等。

这些书籍指出，即时、全球交际已经实现，任何可以外包的业务都已经或将于不久后外包出去。在第一章中，我们谈过了劳动力的进化史，也探讨了科技如何促进任何只涉及一般认知工作的岗位外包或自动化。

来举个全球化的例子：驾车经过穿梭餐厅时，接单的人很可能身在中国台湾或中国大陆，然后再传递回餐馆的销售系统。系统给你拍照，在你到达窗口后将照片与订单比对。

同样地，前面已经提到，技术支持请求、信用卡账单问题报告和病人核磁共振结果查询都是由地球另一边的人接收和解决的，那我们处于什么样的位置呢？

留给我们的都是需要全脑思维的工作岗位，是要具备创造性思维、解决问题能力和将解决方案应用到现实中等能力的职业机遇。这和我们在第三章中讨论过的长期目标正好不谋而合。

如今课堂上培养的解决问题的能力并无效果。给出一个问题，通过展现求解过程给出答案，再给出类似的问题让他们解决，但周而复始地重复这个过程并不管用。这么做除了展现我们的聪明才智之外，他们根本学不到任何东西。这样培养出来的是依赖性，而非独立思维和分析、解决问题的能力。

每当问及"要想在21世纪取得成功，学生们最需要的是哪些技能？"最常见的答案是，学生们一定要特别擅长解决问题。

在21世纪的学习环境中，学习方法不同以往。我们给学生提出有趣而切合实际的问题，这些问题的答案涉及教学大纲的方方面面。为了引导学生，我们教授解决问题六步法[1]，通过这一过程，他们可以解决所遇到的任何问题，同时培养问题解决流畅力，即下意识地运用解决问题六步法的能力。

我们应大力推广解决问题的技能，将它们放在学习的首要位置。我们的单元计划都是以问题解决流畅力为基础的，每一个阶段都是学生获得形成性反馈[2]以指导解决问题过程的学习进程。

问题解决流畅力流程

界定问题

问题的解决始于问题的界定。正如棒球明星约吉·贝拉（Yogi Berra）所言："如果你不知道目的地，就会误入歧途。"所谓界定问题，就是正视问题，在开始处理之前做好计划。这听起来似乎谁都会，但很多时候我们没能界定问题，或者没有完全界定清楚。在21世纪流畅力单元计划中，第一个学习进程是写下问题的界定，因为只有花时间去找出一击即中的解决方式，才能避免现代许多人采用的经典的预备、射击、瞄准——或预

---

[1] 解决问题六步法的英文为6 D，指的是define（界定问题）、discover（寻根溯源）、dream（展望未来）、design（谋篇布局）、deliver（做给人看）和debrief（执行报告）。

[2] 形成性反馈又称形成性评价，是通过诊断教育方案或计划、教育过程与活动中存在的问题，为正在进行的教育活动提供反馈信息，以提高实践中正在进行的教育活动质量的评价。一般地说，形成性评价不以区分评价对象的优良程度为目的，不重视对被评对象进行分等鉴定。

备、瞄准、坏事——的解决方式。

界定技能包括：重新叙述或换个方式来表述问题、挑战假想、收集事实依据、对细节进行反刍（综合细节或将它们分割成更小的部分）、从多方面考虑其中的挑战、逆向思考问题。

寻根溯源

对问题有了清楚的理解之后，我们就可以寻根溯源，弄明白陷入困境是为哪般。寻根溯源是所谓的探索阶段。究竟是怎么走到如此地步？过去的哪些决定使我们走到这一步？如何改变才可以产生截然不同的结果？现在还有机会吗？前人是如何看待这个问题的？在同样的情形下，有效的措施是什么？

之所以提这些问题，原因在于它给我们提供了一个背景，让我们能够更好地了解手头的问题，这也正是寻根溯源的目的所在。界定问题之后，我们就对问题背后隐藏的东西有了把握，甚至还可能建立情感联系，或者激发一些寻找解决办法的热情。

展望未来

对问题有了清楚的了解（界定问题），并且知道了如何到了这一地步（寻根溯源），解决问题的激情也已燃起，我们就拥有了展望未来、预想解决方式所需的一切。展望未来是一个全脑思维过程，在这个过程中，我们可以假想一些未来必将出现的解决方案。它是一个幻想过程，在这个过程中，我们不仅可以预想可能出现的东西，也可以容纳不可能出现的东西。

将可能发生的事情概念化。开拓思维，扪心自问，"这样又何妨？"正是通过无止境的幻想——供不应求的技能——才有了创新。在下面的创意流畅力中，我们将会更加详细地讨论展望未来阶段。至于现在，咱们先假设已经找到了解决方案，该进入谋篇布局阶段了。

展望未来技能包括：许愿、探索可能性、想象最好的情境以及假想乘坐时间机器前往完美的未来。

谋篇布局

界定问题帮我们明白身处何方，展望未来帮我们决定走往何处，谋篇布局则是一个落差分析的过程，它列出从此处到彼处的每一个必要步骤。曾有人说过，"完成胡乱规划的项目所需时间将是原定时间的三倍，而计划周密的项目所需时间仅为原定的两倍。"你听过这句话吗？说的真是太对了。工作的时候，就应该做出规划来指导我们。计划可以核对、讨论和重新评估。谋篇布局则是从未来向现在倒推，点出过程中的重大标志，设置切实可行的截止期限。

谋篇布局技能包括：清楚地了解如何完成任务，动手的时候已经胸有成竹，一步一步从结果往前推，逐步累积易于理解、积极的、符合逻辑的说明。

做给人看

执行计划，把梦想变为现实是将解决方案付诸实践。做给人看分两个方面：做和给人看。在21世纪的课堂上，学生们要能创造实实在在的产品或提出切实可行的解决方案。产品可以是任何事物，比如演话剧、做雕塑、制作视频、完成实验、制作网页或者用多媒体展示。产品的可能性是无穷的。

但做只是完成了一半，学生们还要继续把解决方案给人看。只设计多媒体展示还不够，还得给人看才行；只写歌还不够，还得录制出来才行；只写剧本还不够，得演出来才行。总而言之，学生必须能够展示其成果。这是有一定原因的，如果不能完全执行解决方案的话，怎么能知道它管不管用呢？

成果展示有助于获得珍贵的信息和反馈。人不能仅仅给出一个设想，却又不通过实验去验证。没有了实验行为和实验结果，它终究只是一个设想。

做给人看的技能包括：找出展示信息的最佳方式，利用这一方式来展示相关信息或问题解决方案。

执行报告

在学校之外的社会里，个人对成果及其衍生物的责任在初期产品成形之后会持续很久。不过，在传统学校设置中，大多数评估工作都是由教师们进行的。学生们以为工作是个线性过程——以一个任务开始，以上交成果结束。他们收到一封信或一个数字来表示成绩，同时指明哪里做得不对。

然而，在21世纪的课堂里，学生通过自我评价和同伴评价来参与评估过程。只有通过这些评价，他们才能形成对解决方案的拥有权和责任感。执行报告给学生提供了一窥最终产品的机遇，也提供了一个判定哪方面做得好，哪方面可以做得更好的过程。从我们的经验来看，一旦学生要参与执行报告环节，他们就会自行执行预报告，在展示产品之前做些改进。执行报告技能包括：回顾整个过程的每一个阶段、反思从界定问题到做给人看的步骤、就所采用的过程和获取的信息发问、批判性地反思过程和产品、根据反思结果内化新知识、将知识应用到新的、不同的情境中。

问题解决流畅力不是一个线性过程，而是环式过程。在过程的任意一点，学生都可以随时折回上一步。有时候，在做给人看这个阶段，新想法的出现引领学生返回谋篇布局阶段。或者在寻根溯源阶段，学生意识到他们所做的界定并不明确，必须推倒重来。

深刻理解和应用问题解决流畅力，有助于学生在课堂上和个人生活中自由穿梭于复杂问题。未来遭受人生打击时，他们不至于被个人危机所打倒，而是知道要停下脚步，深呼吸，告诉自己，"好，我首先要做的是界定问题。"

我们要向21世纪的学习环境转变。写下问题解决流畅力的六步法——界定问题、寻根溯源、展望未来、谋篇布局、做给人看和执行报告——挂到教室的墙上；为学生设置有趣而又契合现实的问题，引导他们使用问题解决流畅力来解决问题；赋予他们未来必需的问题解决技能。

她用科学蒙蔽了我

凯斯西储大学大卫·库柏莱德（David Cooperride）的《肯定式探询》（*Appreciative Inquiry*）[①]、泰德·麦凯因（Ted McCain）的《未来之教学》（*Teaching for Future*）等，都提及了问题解决六步法。

问题解决技巧还有许多类型。在研究问题解决流畅力的过程中，我们期望设计出一个全面的、易于教给学生的方式。我们想出了一个他们能够铭记、应用的系统——一个可以应用于任何事物的、包罗万象的环式过程，这个系统从大家在高中化学实验室都会学到的一个系统中得到了启发。

问题解决六步法不仅可以用于科学方法，还可以用于写作、媒体制作，或者其他需要设计、实施解决方案的任何领域。

问题解决六步法与产品制作标准程序对比

问题解决流畅力	科学方法	写作	媒体制作
界定问题	目标	预写	试验性制作
寻根溯源	背景、介绍	预写	试验性制作
展望未来	假设	预写	试验性制作
谋篇布局	设备、方法	草稿	试验性制作
做给人看（做）	试验	修改、编辑	产品
做给人看（给人看）	结果	出版	后期制作
执行报告	结论	评论	评论

问题解决流畅力的实际应用

我们的一位朋友大卫有家餐馆，将近30年来一直是我们的最爱。在那段时间里，餐饮业和社会上发生了许多变化。餐饮业的成功比其他行业更加不易，大卫却游刃有余——主要原因是他懂得适应变革。我们来看看他

[①] 肯定式探询是一种日益受到欢迎的组织变革方法。它鼓励人们去研究、讨论并建立有效用的而不是试着去修正不管用的部分。

进行变革的一些方式。

　　过去十年里，企业与员工之间的相互关系发生了翻天覆地的变化。公司与员工之间的相互忠诚已成过眼云烟，人们在某一行业长久待下去的理由不止薪资那么简单。对于餐饮行业而言，这一点更是真真切切，因为员工把这种工作看作过渡阶段，而不是职业。在任何行业里，有效地培训一个雇员需要花费大量的时间、精力和金钱，所以留住雇员自然比雇人取代他们更便宜、更省力。然而，留住雇员也需要关注和创新行为。下面就是我们这位朋友如何设计一个系统来应对餐饮业留住雇员这一挑战的。

今天来，明天去（界定问题）

　　首先要明确界定问题。使用问题解决六步法时，一定不能想得太超前。在明确界定问题之前就要考虑问题产生的所有原因，否则人很容易陷入泥潭无法自拔。这个案例中的问题非常简单：

　　无法长久地留住雇员；季节性雇员，比如学生工，第二年通常不会再回来工作。如何能留住全职长期工，又能让季节性雇员在每年的旺季都回来呢？这就简单而清楚地界定了问题和挑战。

直指问题的核心（寻根溯源）

　　看着这个问题，大卫问自己，"员工为何离职？"他认为可能是因为钱，或许用钱就能解决这个问题。他认识同镇一家咖啡馆的主人，此人把员工的工资提得比最低工资标准几乎高了三倍，比其他咖啡馆高了两倍。可这家咖啡馆的主人发现，给钱也没用，员工们依然缺乏责任感。

　　其他行业的业主采用了利益共享模式，大卫问他们这是否能有效地留住员工。答案是一致的：员工待的时间确实略有延长，但依然缺乏责任感和合伙精神。用钱——至少是以工资的形式——似乎无法解决问题。

　　接下来，大卫觉得要想弄明白员工为何离职，最好的办法就是直接问他们！于是，他开始挨个询问员工。他联系到离职的员工，也对他们进行了询问。他的发现真的不是什么新鲜事，但却是大多数雇主从未考虑过的：员工离职不是因为钱，而是因为缺乏目标。无论是我们还是他们，人人都想要寻找一种成就感。我们都需要一种感觉无比重要的东西来倾注热爱和激情，都想得到发展机遇。大卫发现，人们并不能从工作中得到满足感，倒咖啡、擦桌子不过是他们能够做自己真正想做的事情之前的一个过渡。因此，员工很快对工作不满，然后换工作，哪怕是换另外一家餐馆也行。

我现在看得清清楚楚（展望未来）

由于在寻根溯源阶段的开放思维，大卫得以弄清真正的问题所在，也能够正视自己去寻找解决方案。如果要留住员工，他就得在自己的需求和员工的需求之间取得平衡。他的需求是留住有责任感的长期工，他也明白自己的餐馆会因此受益。员工的需求则是从工作和生活中获得满足感。

大卫设想了一个合伙方式，即不提高员工工资，而是把这些钱和他的精力投入帮助他们实现目标上去。

我喜欢计划成形的感觉（谋篇布局）

大卫心知自己要从现有的员工着手，然后再针对以后会来的每一位员工。他要先询问现有的所有员工，弄清楚他们的梦想，想办法与他们结成伙伴，帮他们实现这些梦想。他还将说清楚自己要达到什么目的以及启动这一项目的原因。

对于新来的员工，大卫也依法施为。不久后，他开始发现员工的动力所在，并努力帮他们实现梦想。雇用新员工的时候，知道他们的动力、他如何能帮上忙与他们的申请资格同等重要。

身体力行（做给人看）

项目启动后，大卫对自己发现的人的动力感到惊奇。询问其中一位员工时，他发现她最大的愿望就是写书和制作属于她自己的女子个人秀。大卫正好也是一位卓有成就的电影制片人，于是二人合力制订计划，让她每周抽出一天时间写剧本，不用来餐馆上班。接下来的几个月里，她写好剧本,制作并上演了女子个人秀。三年后,她仍然在餐馆工作,同时每周抽出一天时间来制作新的节目。

另外一个是在大学读商务的季节工。每年夏天,大卫的餐馆都会资助举办一个电影节。这个电影节规模很大,需要大量的组织和管理才能成功。大卫同意这个学生接受电影节的管理职务,只要合理分配餐馆工作和电影节事务的时间即可。

一位老员工非常想帮助无家可归的人,大卫就帮她启动了一个项目,允许她把餐馆多余的食物送到当地的粥棚。她成了餐馆资助这个项目和当地其他慈善项目的协调者,每周只需抽出一天时间来管理即可。

瞻前又顾后(执行报告)

项目实施过程中,大卫与员工一同监督各自项目的进展,必要时做出调整。这种经常性的执行报告使得他能够对一切都了如指掌,能够看出哪里办得好,哪里办得不好,也有助于他去思考每一位新员工所具有的潜力。

三年后,这些员工都还在为大卫效力。许多季节工,比如那位负责管理电影节的小伙子,每年都会回来。这些人无需培训,能够迅速进入工作状态,有些还会趁着圣诞节或春假回家的时候来值几天班。

通过分析这一过程,大卫发现,如果这个项目对某个员工不起作用,往往是因为他对这位员工的激情所在挖掘得不够彻底,或者是因为他没能监督该员工的进步并提供足够的支持。大卫据此调整了项目,有了这种经常性的微调,项目结果有了很大改善。

总而言之,这个项目非常成功。大卫正在写一本书,希望能帮其他业主与他们的员工同患难,共进退。

问题解决流畅力简要说明

为了帮你评估自己或学生们对问题解决流畅力的掌握程度,请使用该方法。此法可针对单个学生,也可针对学生小组。

下面是10个需要认真思考的句子。读完每一个句子，根据所评估的单个学生或小组对该特性的掌握程度，打出分数，分值是从1（极不符合）到5（非常符合）。如果学生能够自我评价并讨论结果，那就更好了。

逐条评分后，将分数加起来乘以2，得出学生问题解决流畅力的百分比，填写到每个清单下面的方框内，然后对比每一个流畅力的得分，以决定哪方面需要偏重或改进。

	1	2	3	4	5
清楚且准确地界定了所需要解决的问题。					
恰如其分地综合了有关问题发展过程的信息。					
切合实际地设想了一些解决现实问题的创造性方案。					
在选择最合适、最切实可行的方案前，考虑了许多可能的方案。					
为解决问题设计出了完整的步骤。					
解决问题的目标明确。					
每个阶段都会折返、批判地反思并做出修改。					
在交流各自对内容与过程的理解时使用了大量媒介。					
批判地反思解决方案产生后，产品和过程加以改进。					
产品和过程出现问题时，会加以修改，展示出了适应性和责任感。					
问题解决流畅力 _____%					

问题解决流畅力课时计划评分工具

课时计划评分工具用于评判每一单元中21世纪各流畅力的应用程度。流畅力分值表放在每一个课时单元的第一页，每个流畅力都列有一竖行图标。

下列句子是帮你在课时中定义问题解决流畅力特性所需考虑的问题，每个句子旁边都标有1~5，与流畅力简要说明中的类似。思考每一个句子，考虑它在该单元中的应用程度，从1（极不符合）到5（非常符合）给每个句子评分。

逐条评分后，将分数加起来乘以2，得出问题解决流畅力的百分比，以评判课时计划对学生的发展有多大影响。

	1	2	3	4	5
课时计划给学生提出了清晰的问题或挑战。					
问题或挑战符合现实。					
问题或挑战能激发学生参与，契合学生生活。					
该挑战要求每位学生给出自己独特而有效的解决方案。					
课时计划引导学生发挥创造性思维、批判思维，并在考虑多个解决方案时做出选择。					
问题或挑战需要研究和发现尚未学到的知识。					
该挑战鼓励学生给出S.M.A.R.T解决方案，即具体、可衡量、切实可行、符合实际且具有时效性。					
解决方案可通用，即能够有效地解决问题，且可用于相似或不同的现实情境中。					
解决方案鼓励学生批判地反思所创造的产品和使用的程序。					
问题解决流畅力 _____%					

本章要点总结

- 如今课堂上培养的解决问题的能力并无效果。这样培养出来的是依赖性，而非独立思维和分析、解决问题的能力。
- 在21世纪的学习环境中，我们给学生提出有趣而切合实际的问题，这些问题的答案涉及了教学大纲的方方面面。
- 为了引导学生，我们教授解决问题六步法（界定问题、寻根溯源、展望未来、谋篇布局、做给人看、执行报告）。
- 问题解决流畅力指的是下意识地使用问题解决六步法。
- 问题解决流畅力不是一个线性过程，而是一个环式过程。

本章思考题

- 你是否已经下意识地使用了问题解决六步法中的某些步骤？有哪些步骤是你从未用过的？
- 生活中你有哪些问题或挑战是现在就可以应用问题解决六步法的？
- 大卫与员工同甘苦共患难的想法是否也能应用到课堂环境中的教师与学生身上？

第五章 信息流畅力

> 最严重的错误不是答案错误而导致的，真正危险的是提错了问题。
>
> ——《人类、思想与政治》（Men, Ideas & Politics）
>
> 作者，彼得·德鲁克（Peter Drucker）

正如最近出版的《生活在未来的边缘》一书中所写的那样，我们生活在一个信息总量呈指数级增长的时代。20世纪最后十年里，新科技的发展速度是前所未有的，也给知识库带来了同样前所未有的改变。我们生活在一个各种触手可及的信息扑面而来的世界里，因此，信息过时的速度更快，建立在这些信息之上的知识也变得越来越不持久。这迫使我们重新组织自己的知识和知识的展示方式，也从根本上改变着社会的结构，给我们工作、娱乐、交流和看待他人的方式带来了不可逆转的变革。

世界信息总量

根据最近的世界信息总量统计，我们产生信息的速度远超任何人的期望，信息的洪流如今已然变成了长期性的海啸。

计算能力每年增长58%，通信能力每年增长28%，信息存储能力每年提高23%，前一个数据正好符合摩尔定律[①]，即每隔18个月翻一番。通信

[①] 摩尔定律是由英特尔（Intel）创始人之一戈登·摩尔（Gordon Moore）提出来的。其内容为：当价格不变时，集成电路上可容纳的晶体管数目，约每隔18个月便会增加一倍，性能也将提升一倍。换言之，每一美元所能买到的电脑性能，将每隔18个月翻两倍以上。这一定律揭示了信息技术进步的速度。

系统能力每隔34个月翻一番，信息存储能力每隔40个月翻一番。过去10年来，信息一直在以这样的速度扩张。这些最新数据来自2011年2月的一篇文章，即《世界科技存储、传输和计算信息的能力》，作者是马丁·希尔伯特（Martin Hilbert）和普莉希拉·洛佩兹（Priscila Lopez）。

我们创造的信息总量是难以估算的，人类总体能存储的信息量约为300艾字节，相当于存储在一个人DNA中的信息总量。或者如希尔伯特所言，这相当于地球上每人拥有80个亚历山大皇家图书馆。记住，技术元素能力每隔一年半就会翻一番，而你的DNA信息却不会。

由于信息总量呈指数级增长，我们生活在一个充满一次性信息的时代。在这个时代里，每天的报纸到你手里的那一刻就已经过时了。信息成了短暂的一次性商品。没错，信息自有其价值，但它也和水果一样容易腐烂变质。它今天可能具有价值，但明天用不上的话就可能被抛弃掉。

面对如此多的唾手可得的信息，如今的人谁也做不了专家。如果学生们要在信息总量呈指数级增长的时代生存，他们就必须具备信息流畅力。

我们把信息流畅力定义为下意识地、本能地解读所有形式的信息的能力，以获取必要的知识，理解其内涵和意义，并用它来完成现实世界中的任务。信息流畅力过程共有五个不同的步骤：提问、获取、分析、应用和评价。

信息流畅力流程

> 我们生活在一个信息大爆炸的动态世界，信息内容的数量和复杂性呈指数级增长。

提问

提出有技术含量的问题，才能得到有技术含量的答案。重要的提问技巧包括：理解问题以求解决、辨识关键词、围绕关键词组织问题、头脑风暴、横向思维、理解伦理问题、深入倾听、巧妙地观察、批判性讲话、过滤信息中的白噪声和分享个人知识与经验。

获取

学生只有提出有技术含量的问题，才能通过最合适的高科技、低科技和不具任何科技的来源获取原材料。获取技巧包括：判断信息所处位置；判断获取这些信息需要哪些技能；理出搜索策略的优先顺序；略读、跳读、快速搜索信息，以寻找相关数据；过滤信息；巧妙地记笔记；知道何时有必要重返提问阶段，以提出更多问题。在数字背景下，获取信息越来越偏离找目录卡、书籍或其他纸质资源。相反，学生们最常用的搜索工具是YouTube、推特、博客、维基百科和音乐网站、互动网站等。这些数字资源不断提供21世纪的原材料，且大部分以图片和声像方式呈现。因此，我们年轻时通过传统的纸质资源获取知识的方式已经过时了。

分析

原始数据到手后，接下来就要分析、鉴别和组织材料了。网络这东西比较吓人的地方之一就是，它像一个露天的水沟，里面充满了未加处理、未过滤的信息。如果学生不知道如何操控，不能判断某信息的真假，他们只会抓着找到的第一样东西紧紧不放。

分析和鉴别技能包括从大量资源中组织、定位和总结数据，其中涉及：独立工作；与同伴、教师或其他个体协同工作，记录数据鉴别过程和分析过程；比对数据的切合性，列举并区分好、坏、差的数据资源；能够区分看法与事实；评价流通性；审查数据，寻找隐含意义和偏见。有了这些技能，你还必须在数据回答了原始问题时当机立断，在数据不完整时有所察觉。例如，根据不完整的信息，你们多少人买过房子、汽车，或跟人结过婚？

最后，分析技能还涉及：通过记录、核实、备注来判断真实性，利用可能性、趋势和大胆猜测来搜寻所需的额外数据；明白何时应该重返提问或获取阶段填补空白，从而将数据转变成知识和智慧。

应用

接下来，使用者要能够将获取的知识应用到现实生活、现实世界或虚拟现实、虚拟世界中去解决问题。这种技能我们在问题解决六步法中称为"做给人看"或"做"的阶段，它涉及整合信息，以方便使用。它可能表现为写论文、拟写报告、制作图片、找足论据、制作展示文稿、参与辩论、完成科学实验、制作视频或创建博客等方式。应用阶段是产品成形、采取行动、解决问题和满足信息需求的阶段。如果不能有效地分析数据，将其转化为个人知识，然后应用它来解决问题，就算能够获取大量数据也毫无意义。

评价

产品成形之后，学生必须能够评价产品本身及其生产过程。这在问题解决六步法中叫作"执行报告"。

关键的评价技能包括：就所采用的生产过程和获取的信息发问；批判性地反思生产过程；评价所学到的、如何学到的、哪些有用、哪些无用以及过程和产品如何在下一次能有所改进；根据反思结果做出行动，内化新知识，将它们应用到其他相似或不同的情境和环境中。

我们坚信，信息流畅力过程的五个步骤是满足几乎所有信息需求的基础，因此应当置于与六步法同等重要的地位——内嵌到每一课时、每一活动和让学生做的每一个任务中去。

现实世界中的虚假信息

DHMO（一氧化二氢）组织及其网站DHMO.org由特拉华州纽瓦克市研究科学家汤明伟（Tom Way）博士在1997年年末创建。DHMO指的是水。根据该网站的说法，DHMO与癌症、环境污染等多种问题有关。它是酸雨的主要成分，催生了"温室效应"，可能引起严重灼伤，吸入后会让人命丧黄泉。它促进了土壤流失，加速侵蚀、腐蚀多种金属，可能引起电力故障，降低汽车刹车的效能，癌症晚期患者被切除的肿瘤中也发现了这种成分。

虽然危险性显而易见，但DHMO仍常被用作工业溶剂和核电站冷却剂，用于泡沫塑料和阻燃材料的生产，用于各种形式的残忍的动物实验，是某些"垃圾食品"和其他食品的添加剂，是杀虫剂的配料。即便经过清洗，你的产品依然受到这种化学物质的污染。

我们要求学生利用信息流畅力的五个步骤来评价DHMO对人类和环境造成的危害。完成这一个过程后，我们会让他们明白这是怎么回事。有些学生对这种化学物质的广泛使用愤怒不已。但如果学生切实按五个步骤来思考的话，大多数人会发现，DHMO不过是水的别称，只是他们不熟悉罢了。然而，许多学生在思考过程中跳了几个步骤，忽略了重要信息。

从背景来看，DHMO.org最初由圣克鲁斯区加利福尼亚州立大学的三个学生于1990年创建。1997年，14岁的学生内森·佐纳（Nathan Zohner）发起签名请愿，要求禁止使用DHMO，并以此作为他"我们有多容易上当受骗？"这个科学项目的基础，引起了广泛关注。

2001年，新西兰绿党议员苏·凯基丽（Sue Kedgley）办公室的一位职员回复一项请求时称，她"完全支持禁止使用这一有害物质的活动"。反对党国家党在一次新闻发布会上对此表示谴责，而6年后，该党成员杰奎·迪恩（Jacquie Dean）也因这一噱头被迫辞职：她写信给国家卫生部副部长，询问是否应该禁止使用DHMO。

现实世界中的信息流畅力

克伦（Karen）和十几岁的女儿们（丽莎和莎娜）觉得自己终于有钱了，于是决定奢侈一把——买来人生中的第一部手机。可乍看之下，她们震惊了：可供选择的品牌和类型琳琅满目，每一种手机的功能都有一大堆，不同公司提供的套餐方案也不尽相同，实在令人困惑。为了掌握足够的信息后再拿主意，她们决定绘制一个图表，列出各手机运营商所提供服务的优缺点，从中选出最适合她们的手机。下面就是她们如何做出重大决定的过程。

提问

朋友们大多要么是看了第一部手机就买下，要么是买了时下最流行的。克伦最近听说了一个新闻报告，报告声称，全球用户每年都在手机和数据包上浪费大量钱财，因为他们没有研究自己的需求和所能获取的服务套餐。

克伦和女儿们决心掌握足够的信息后再拿主意，不能冲动消费。她们首先要做的是列出需要获得答案的问题，以帮助她们做出正确的决定。她们通过头脑风暴和辨识关键词的方式列出了以下问题：

- 不同运营商都提供了怎样的套餐方案（例如，预付、定期合同、付费后使用、定制与非定制和家庭套餐）？
- 不同运营商都提供了怎样的服务（通话、短信、邮件、数据使用、图片、媒体、应用程序和游戏）？
- 她们的手机套餐中需要哪些功能？哪些功能使用的频率最高（语音质量、短信、照相机、媒体播放、键盘、网络、导航和游戏）？
- 定价政策如何？

获取

接下来，她们列出了全国最受欢迎的五个运营商，获取了能够解答这些问题的信息。她们浏览了AT&T、Sprint、U.S. Cellular和Verizon的网站，去了它们的实体店铺，尽可能多地下载、收集背景资料，从而获得了有关套餐、服务和手机的大量信息。

吃力地浏览这些细节的时候，她们发现自己忘了搜索网络电话和Cricket这样的低消费服务，于是重新来过，调整问题，把额外的可能性包含了进去。

分析

之后,她们坐下来,开始组织、分析所获取的信息。她们列出清单,总结了数据,尽可能多地阅读评论,了解专家们对最佳智能手机和普通手机、廉价智能手机和普通手机、网络电话、短信电话和照相机电话的意见。她们利用这一信息来对比不同公司对其服务和手机的宣传内容。她们很快意识到,还可以从许多其他渠道获取更多信息,比如"读者选择奖"、"消费者报告"和亚马逊,于是又回到获取阶段去收集更多信息。她们确保对原始资料做好记录、核实和参考工作,以备之后再次使用。

应用

基本工作做完后,克伦和女儿们整合了她们从各种渠道获得的信息。在整合信息、讨论各种功能的过程中,一个符合她们的需求,正是她们想要的3年期家庭套餐迅速浮出水面。它包含了每人一部新手机,附带无限的免费本地呼叫和接听服务、100分钟的长途通话时长和每月500条共用短信。她们决定在弄清数据服务的花费和是否实用之后再购买数据服务。最后,她们需要评价所采取的步骤。

评价

坐在厨房里把玩着各自的新手机时,她们讨论起确定计划的过程是多么高效,新购入的手机是多么流畅顺手。比起去年冲动消费买来的新等离子电视——她们很快就为此后悔不已——她们庆幸自己花时间小心谨慎地规划、修改并完成决策过程。通过这个过程,她们学会了一些将来能应用到其他情形的良好技能。接下来她们准备买新车了!

信息流畅力简要说明

为了帮你评估自己或学生们对信息流畅力的掌握程度,请使用该方法。此法可针对单个学生，也可针对学生小组。下面是10个需要认真思考的句子。读完每一个句子，根据所评估的单个学生或小组对该特性的掌握程度，打出分数，分值是从1（极不符合）到5（非常符合）。如果学生能够自我评价并讨论结果，那就更好了。

逐条评分后，将分数加起来乘以2，得出学生信息流畅力的百分比，填写到每个清单下面的方框内，然后对比每一个流畅力的得分，以决定哪方面需要偏重或改进。

	1	2	3	4	5
界定信息需求，辨识关键词，根据关键词组织问题。					
决定通过何种最适宜的渠道收集信息。					
在广泛的媒体渠道中定位和收集信息。					
展现出有效的搜索、过滤和记笔记策略。					
使用有效的策略来分析、鉴别信息，善加利用。					
核实通过各种渠道获取的信息的准确性。					
区分事实与言论，分辨其中的偏见，辨识不完整信息。					
收集信息时准确引用、记录所有参考文献。					
有效地在给定的情境中应用知识。					
批判性地反思信息和收集过程，不断修改，不断改进。					
产品和过程出现问题时，会加以修改，展示出了适应性和责任感。					
信息流畅力 _____ %					

信息流畅力课时计划评分工具

课时计划评分工具用于评判每一单元中21世纪各流畅力的应用程度。流畅力分值表放在每一个课时单元的第一页，每个流畅力都列有一竖行图标。

下列句子是帮你在课时中定义信息流畅力特性所需考虑的问题，每个句子旁边都标有1~5，与流畅力简要说明中的类似。思考每一个句子，考虑它在该单元中的应用程度，从1（极不符合）到5（非常符合）给每个句子评分。

逐条评分后，将分数加起来乘以2，得出信息流畅力的百分比，以评判课时计划对学生的发展有多大影响。

	1	2	3	4	5
该挑战要求学生搜寻有助于总体解决方案的必要信息。					
该挑战要求学生通过不同渠道和媒体搜寻信息。					
该挑战要求学生通过数字化和非数字化方式搜寻信息。					
该挑战鼓励学生设计、使用合适的搜索技巧和策略。					
该挑战要求学生批判性地分析信息，记录其可靠性、准确度和切合度。					
该挑战要求学生通过两个或以上的渠道交叉核实定位信息。					
该挑战要求学生精确、准确地记录、引用信息渠道，并致谢。					
该挑战要求学生有策略地将信息组织成有效框架，以供参考和使用。					
该挑战鼓励学生对所制造的产品和所采用的过程进行批判性反思。					
信息流畅力				_____	%

本章要点总结

- 根据最近的世界信息总量统计，我们产生信息的速度远超任何人的期望。
- 我们生活在一个充满一次性信息的时代。在这个时代里，每天的报纸到你手里的那一刻就已经过时了。信息成了短暂的一次性商品。
- 信息流畅力是指下意识地、本能地解读所有形式的信息的能力，以获取必要的知识，理解其内涵和意义，并用它来完成现实世界中的任务。
- 信息流畅力过程共有五个不同的步骤：提问、获取、分析、应用和评价。

本章思考题

- 如何定义一个人"具备信息流畅力"？
- 为什么说学生区分事实与言论，核实数据以寻找隐含意义和偏见的能力愈加重要？
- 你是否读到或听到过某个错得离谱的信息？你是如何查实的？

第六章 创意流畅力

> 艺术硕士（MFA）将像企业管理硕士（MBA）一样大行其道。
> ——丹尼尔·平克（Daniel Pink）

多数人认为，创意对于将来取得成功至关重要，因而所有学生都应该培养这一特质，但很少有人明白，教授创意能力势在必行，而且我们在这一领域已经落后于其他国家。

你可能对智商测试——衡量智力的标准化工具——已经非常熟悉，但你是否知道，智商测试存在着一种弗林效应①？对于智商测试分数提高的现象，简单的解释就是不断丰富的环境提高了孩子们的智商。例如，如果说1932年的平均智力分数是100，那么到2012年就会提高到大约124。为了使中间值保持为100，智商指数要不断地调整。

同样地，我们可以用托兰斯创造性思维测试②来衡量创意能力（又称创意商数）。与智商测试一样，托兰斯创造性思维测试也具有弗林效应，即全球的分数每隔10年提高3个百分点。

近日，弗吉尼亚州威廉斯堡威廉玛丽学院教育心理学副教授金庆熙（Kyung Hee Kim）分析了自1966年（大英百科全书，2010年）托兰斯创造性思维测试开发以来的30万名儿童和成年人的分数。研究结论表明，创意能力分数和智商分数一样，在1990年以前一直稳步提高。然而，自那以后就出现了逆向趋势。自1990年以后，创意能力分数一直下滑。其减少之

---

① 以新西兰大学教授詹姆斯·弗林（James Flynn）医生命名，指的是每隔10年，智商测试分数会提高大约3个百分点。（奈瑟，1997）

② TTCT，由E.保罗·托兰斯（E. Paul Torrance）开发设计。

量特别大，但它减少的速度还在提高，这就更令人担忧了。而美国年幼儿童的分数——从幼儿园到六年级阶段——下滑得最为严重。

这是智商分数和创意能力分数之间最大的差异。智商测试衡量的是智力，而托兰斯创造性思维测试衡量的是创意能力的不同方面，如原创能力、抽象能力和发散思维能力。正如金庆熙所说的那样，"托兰斯创造性思维测试更广泛地衡量创造性思维：它衡量许多不同领域的创意潜力，如艺术、文学、科学、数学、建筑、工程、商务、领导力和人际关系。"（大英百科全书，2010年）

从1984—1990年，托兰斯创造性思维测试的细化分数（反映提出并细化构想、参与批判性思维和应激创造思维的能力）降低了19.4%。到了1998年，这些分数已经降低了24.62%。而到了2008年，已经从1984年的水平下降了36.80%。

值得一提的是，分数的下降主要出现在美国。美国曾一度是世界的标杆，是那些寻找创意表达机遇的人的天堂，如今却落后于其他国家。

现在就给美国创意分数下降的原因盖棺定论为时尚早。其中一个罪魁祸首可能是孩子们看电视、玩电视游戏的时间过长，远远超出了参与创造性活动的时间。另外一个则可能是我们的学校里缺乏创意培养。由于只关注标准和重要考试，许多学校在规划学习环境时都将自发性看作不利因素和破坏因素。抽象能力、发散思维能力和原创能力被看作浪费时间，它们占据了为重要考试做准备的时间，而后者恰好是现有教育环境的主宰。因此，几乎很少有人会同心协力地去培养创意能力。

正当美国踌躇不前的时候，其他许多国家正抓住机遇，把过去的美国当作模范，大力发展创意文化。环顾四周，国际国内重大事务都在寻求创造性解决方式——从全球变暖到人口过多，到打击恐怖主义和战争主义，再到拯救墨西哥湾，到维护阿富汗和平，到提供消费得起的医疗服务，再到关闭失控的核电站，以免发生熔毁。所有这些事情都需要跳出常规的思维模式。那些正在培养创意能力的国家都将蓄势待发，为这些以及其他全球问题出谋划策。

创意能力是21世纪的潮流。具有创意能力的个人和国家注定将会兴旺发达。新的第三世界将是那些出口创意能力的国家。我们要明白，这不是遥不可及的黑暗未来，而是早已在发生的事实。随着日常认知工作和制造业岗位不断外包，剩下的就只有创意级别的工作，即需要高阶思维的工作。那些无法外包，无法用软件取代，无法实现自动化的非日常认知工作将会令众人趋之若鹜。商业对创意能力的需求将是前所未有的。

比如迪拜有一家帆船形状的酒店，正如澳大利亚的悉尼歌剧院或法国的埃菲尔铁塔一样，它已经成为迪拜的代名词。但仔细想一想酒店的功能。酒店的主要用途就是提供住宿——一张睡觉的床和一个洗澡的浴室，其他的都是装饰品。知道了这一点后，我们要问，为什么帆船酒店是这个样子？很没必要啊。它完全可以只是个盒子一样的建筑，里面有供顾客使用的房间，这功能已经够齐全了。但若如此，它就没了这样的魅力，对吧？

若它只是一个盒子，酒店就没办法收取巨额的费用了。这家酒店的房费每晚高达28000美元，而且想进去看看大厅还得掏50多美元。当然，奢华的住宿条件和服务是它的立店之本，但奢华和出众的服务并不一定都能标价28000美元，所以这栋建筑显然不止它的功能那么简单。其真正的价值在于独一无二、一眼就能区分出来的形状。它的造型使其从世界酒店之林中脱颖而出，成为众人向往的目的地。这种对造型的重视在商界处处可见。

市场中不断变化的价值观

数年前，通用汽车公司聘用新执行总裁罗伯特·鲁兹（Robert Lutz）来扭转公司的颓势。鲁兹是前海军陆战队队员，还是个经验丰富的商人，你一定会以为他会严格管理，绝不废话。当《纽约时报》（*New York Times*）问及他的管理方式将会怎样有异于前任时，他说：

> 我将更关注右脑思维……我把生意看作艺术。艺术、娱乐和移动雕塑，凑巧就构成了能够提供交通运输的汽车。

再举一例，索尼公司前社长大贺典雄（Norio Ohga）说的这句话，曾在2003年被《重新想象》（*Re-Imagine*）杂志引用：

> 在索尼公司，我们假设竞争者的所有产品基本都采用同样的技术，具有同样的价格、性能和功能。在市场上，只有设计才能让一个产品不同于另外一个产品。

这些令人吃惊的言论反映了一个巨大的转变：摒弃20世纪对传统左脑思维的关注，因为它只强调产品的功能和性能。根据纽约古柏惠特博物馆（Cooper-Hewitt Museum）主任保罗·汤普森（Paul Thompson）的说法：

> 制造商逐渐意识到我们无法与中东的价格结构和劳动力费用竞争。那么我们该如何竞争？当然要从设计着手。

诺曼·博德霍雷茨（Norman Podhoretz）如是说：

> 创意神奇地将儿童无拘无束的精力与其对立面——强加在被条条框框圈囿的成年人智力之上的秩序感——融会贯通。

在《全新思维》（2006）一书中，丹尼尔·平克说，无论做什么事情，都要有艺术家在场，才能实现国富民强。想象一下——让艺术家参与创造性事务，这本来就是常识，不是吗？

平克讲了一位大学教授的故事。一天，教授走进幼儿园教室，他叫会跳舞的学生举手，学生就全都举起了手。他又问多少人会跳舞或唱歌，学生又全都举起了手。接着，他走进大学教室，向学生们提出了同一个问题，当然，结果是没有一个人举手。他得出结论：教育就是一个教导我们不能做什么的过程。

但这不能全怪学校，我们也会如此对待自己。李（Lee）说起他在意大利佛罗伦萨艺术学校的一件事。他和其他学生每天都会照着活人模特绘画来研究人体结构。这很难，因为人体上没有一条直线，但它又是长久以来培养天分和欣赏美的绝佳途径。

某天，李一手拿着碳素笔，一手拿着橡皮。那天不太顺利，画的东西没有涂掉的多。李越来越气馁，他听到一个声音说，他的作品有多差劲，比其他同学的作品差了好多，根本一点都不像那个模特。

李决定暂停，出去走走。艺术学校拐角处有间十分特别的教堂，名叫圣克洛斯教堂，伽利略和米开朗基罗都埋葬在这里。李坐在米开朗基罗墓前反思这一天，慢慢地有了领悟：批评他作品的那个声音其实就是他自己。更重要的是，他意识到自己不满意的是技巧，而非创意能力。

著名的《迪尔伯特》（*Dilbert*）连环漫画作者斯科特·亚当斯（Scott Adams）在其有名的《迪尔伯特原则》（*Dilbert Principle*）中写道：

> 所谓创意能力，就是允许自己犯错；所谓艺术，则是知晓要保留哪些错误。

在人的发育过程中，我们总会下意识地拿自己以及自己的作品和其他人做比较。内部批判机制会说，我们做得还不够好。我们自认为不够有天赋，创意能力不足。但其实我们都很有创造力，问题不在于是否具有创造力，而在于技能是否精通。如果你没试过用手指画图，我们强烈建议你尝试一下。下一次职工大会的时候，拿出你用手指画图的成果吧。

李所意识到的是，我们混淆了这两个概念，从而认为自己缺乏创造力。我们常听人说，他们没有创造天分，但其实他们应该说，自己缺乏表达个人想法的技术。要记住，你能创造，你富有创造力——世人皆如此。技能熟练度来自于练习。李离开艺术学校的时候，他的技能比当初每天几个小时画人体结构热身时提高了百倍不止。

正如技术熟练度可以教授一样，创意过程也可以教授。就这么简单，它就是一个可以教授和学习的过程。这是个全脑思维过程，其中涉及使用创意流畅力五步法让大脑的两半球同时运转。

创意流畅力流程

辨识

创意过程的第一步是辨识。脑子里要先装满有关当前问题的数据。问问自己任务是什么，需要创造的东西是什么。回想一下问题解决流畅力：对问题的了解源于界定阶段，通过寻根溯源，给这一问题提供背景知识。综合这两个阶段，就能够揭示问题的意义和实质性，使之变得真实可感。

辨识技能包括：明白所需解决的问题是什么；辨识关键词，根据关键词组织问题；头脑风暴；横向思维；了解伦理问题；全身心地去倾听，巧妙地观察，批判性地发表意见；过滤信息白噪声；分享个人学识和经验。

激发灵感

左脑装满了数据后，我们就已准备好了通过寻找灵感开启探索之旅。这个阶段十分有趣，其中涉及用大量真实可感的信息充实你的创意欲望。这就是真正的展望未来阶段。

灵感的来源俯拾皆是：扫描深远的记忆，想象，翻翻杂志，去博物馆，看看彩印图书或网站，压马路，喝咖啡的时候进行头脑风暴，逛书店或者听一些基调可能与结果类似的音乐。

激发灵感技能包括：超越已知；用熟悉和不熟悉的渠道来激发和刺激灵感；看出新可能性；随意构思；实验和想象。

这一阶段是要寻找灵感。这些行为的任何一个都可能激发灵感。然而，所有这些行为都能让右脑放松，让它变成一个黑洞，其持续时间长得超乎你的预想。所以左脑必须保持警惕，免得偏离了轨道。

身临其境

所谓身临其境，就是从已有信息中找出模式。这就像从天空中找星宿一样，从一堆看似随机的信息中找出模式。模式成形时会特别明显，你的眼里就只有它，并且怀疑自己怎么以前没看出来。

左脑的工作是分析从右脑灵感场所不断传来的感官信息，通过寻找模式来联系信息、改变意义和进行高阶抽象。身临其境的技能包括：辨识模式；能够辨识联系或关系；将不同领域一般情况下不会综合的概念或要素综合起来；能够对现有知识进行横向思考。分析感官信息指的是拿它和你之前界定的原始标准做比较，把不符合的放到一边，可能符合的就要坚持。在这些随机的感官信息中，某处必然存在着联系，存在一个等着你去想象出来的解决方案。

想象

在往返于激发灵感到身临其境这两个步骤的过程中，无用的信息被弃置，你开始接近可能性最大的解决方案。你的意识之外会有思维的火花四处飞溅，你可以感觉到它们，甚或看到它们！我们都有过这样的经历，即差一点没找到解决方案时的那种"话到嘴边却说不出来"的感觉。继续探索，当激发灵感和身临其境阶段融会贯通时，构想便会从外围迸发出来，说出口的那一刻终会到来。想象一下"灵机一动！"的那种时刻。

想象技能包括：在无法用视觉、听觉或其他感官去感知的时候，在脑中形成图像、感觉和概念；为经历提供意义，为通过故事、艺术、音乐、诗作、视频等理解世界提供途径。

仔细观察

脑中形成新的创造性构想后，我们要后退一步，仔细观察。我们的构想是否符合最初的标准？它是否符合我们的定义？可行吗？会奏效吗？在现有的时间和预算内可以完成吗？

仔细观察技能包括：能够检视所采取的步骤和所创造的产品；能够对所

采取的程序进行全面反思；想象构思应用于现实，将其与最初的目标对比；利用反思结果，内化新构思，修改现有想法，并应用于将来遇到的挑战。

有时候，这些问题的答案是"否定"的。我们偶尔还会遇到某个想法用完就扔的情况（留着它，以防以后再用到）。有时还要对其进行调整，或者它会引导你想出新构思。和所有的21世纪流畅力一样，创意流畅力是个环式过程的原因也在于此。你可能需要返回激发灵感阶段，或者可能你的想法反映出你对问题理解不够，就得重新回到界定阶段。

艺术类教员的新角色

创意流畅力是精通想象和艺术，通过下意识的设计、艺术和叙事来赋予事物意义和价值。

我们认为艺术教师的角色需要重新评估，其他教员不应该把艺术教师看作不入流的嬉皮士，也不应当认为艺术课是在浪费时间。艺术教师应当被看作美术指导，是其他所有教员的创意咨询师。

在21世纪的学习环境中，每间课堂都需要的何止艺术这一门课。想想音乐在电影制作中的地位：音轨承载了大部分的意义。它不止告诉我们鲨鱼何时出现，还奠定了故事的情感基调。制作电影、混搭、幻灯片等的学生将会从音乐老师那里获益良多——正是每间课堂都需要的另外一位咨询师。

电影院（剧院）又是一个明证。其间的明显联系在于学生制作了一部剧或一部电影，但电影院（剧院）的影响力远远不止于此。例如，在一大群人面前发表主旨演讲就需要对电影院（剧院）有一定的了解。在表达自己的意见时，传情达意和时间安排至关重要。

在学生创造实际产品来展示他们对内容的理解的学习环境中，艺术教员组成了举足轻重的支持网络，即协助学生将艺术与创造力融入各个科目的各个级别。有了他们的参与，学生才能够把创造天分发挥到极致，为走出校门取得成功奠定坚实的基础。

现实社会中的创意流畅力

形象化地展示五步法略有些难度。我们说过，这是一个全脑思维过程，那么举一个现实的例子应该有助于理解它们在实践中是什么样的。

乔丹（Jordan）拥有一家平面设计公司，客户群广泛。一天，她接到杰瑞米（Jeremy）和萨拉（Sarah）打来的电话。她们打算开一家名为夸特罗（Quattro）的餐馆，正在找人做公司包装设计。萨拉暗示说，她们最担忧的是商标，想让其先设计出来。如果乔丹及其团队能拿出一个让人满意的概念设计，其他的设计工作也会交给他们来做。

辨识

乔丹叫她们描述一下餐馆。杰瑞米开始说了一堆关于服务和食物质量以及就餐体验多么独一无二的废话，乔丹耐心地听完，然后试探性地问了一些问题来引导客户。

她想知道餐馆是为哪个年龄段设计的。是为老年人设计的自助式餐馆吗？还是家庭式餐馆？是牛排餐馆还是寿司店？萨拉说，餐馆以17~30岁的年轻人和年轻从业者为目标客户，综合了意大利烹调和美国新式烹调。接下来，乔丹叫她们用一个词来描述餐馆，吉瑞米说"独特"。

乔丹所寻找的是这些东西：类似独特、耳目一新、嬉皮、多姿多彩、时髦、高档和城市风格等描述性词汇。另外还要考虑会限制设计的技术产品元素，所以乔丹询问她们要把商标用到哪些地方。

是要镶嵌起来，还是要丝网印刷？餐馆是否现有调色选择可供考虑？

激发灵感与身临其境

乔丹召集了设计团队，简要介绍了会议内容。这家设计公司的一面墙上挂着一块巨大的白板，专供产品会议使用。他们在白板顶部写上夸特罗，然后列举出描述外表和感觉的词汇：独特、年轻化、多姿多彩、时髦、高档和城市风格。

从基本组成来看，设计商标要考虑字体、颜色和形状。他们先从颜色来寻找灵感，集中精力来翻一大本潘通色条书。他们提出颜色建议，与列举出来的词汇相比较。宝蓝色——不够独特；深红色——不够高档；那加勒比橙色呢——好！浅蓝色呢——太好了！

很快白板上就有了几条供他们取用的色条。在这个过程中，团队成员其实多次往返于激发灵感和身临其境两个阶段，不断地缩小可能性的范围，避免出现思维混乱。

接下来，他们要选择字体。他们用大字体打出餐馆名字，投影到艺术板上。当然，他们要寻找的仍然是能够切合的字体。Times New Roman——不够年轻化；Comic sans——不太好（这个字体就该从各位的电脑上删除掉）。寻找过程虽然才进行了几个小时，他们就已经有了很大进展，找出了几种极具潜力的时髦字体：Brass Monkey、Madrid和Brie Light就是入选的三种字体。

BRASS MONKEY

Madrid

Brie Light

想象

设计团队的各种构思如烟花一般喷薄而出。他们决定先从形状和大小下手。他们把Quattro写在中间，把Q放大，从而改变了字母的编排。接着又试了几种其他的组织形态，有些看起来可以，但是没有一个令人眼睛一亮。

突然，年轻而颇具潜力的设计师罗伯特（Robert）跳起来喊道，"我想到了！"他用4种颜色画了4个方块，把Quattro横着写出来。它看起来很棒，大家伙都觉得好，认为客户一定会很满意。

仔细观察

设计团队回顾了一下最初的标准。这个商标够独特吗？它彰显年轻，够多姿多彩、时髦、高档，具有城市风格吗？可以镶嵌吗？设计团队认为这一商标达到了标准，但其他一些想法也挺不错，于是把所有可能性整理成一份文件给客户看。

更多现实世界的例子

设计商标是利用创意流畅力来制作艺术产品的典例。之所以用这个例子，是因为我们想让大家明白，设计商标等艺术产品是任何人都可以做到的，只要仔细地按创意流畅力的五步法操作就可以了。

创意不仅仅是设计一个艺术产品，创造或创新指的是，把以前不存在的东西给做出来。善于横向思维、提出创新性解决方案的人正是如今商界翘首以盼的人。在经济不景气时，有远见的人会投资创新。下面是一些成功的创新案例：

在20世纪20年代，珀斯特食品公司和凯洛格食品公司是袋装麦片产品的两大竞争公司。几年后，正当大萧条时期，珀斯特食品公司尽可能地缩减了每一领域的费用。与此同时，凯洛格食品公司则花重金推出脆米。他们的利润增长了30%以上，最终成为美国最大的麦片品牌。

在20世纪30年代，巴西咖啡生产商面临一个巨大难题：咖啡储量过剩，新的收获季又即将来临。他们迫切需要扩大市场，于是要求雀巢咖啡用过剩的咖啡开发一种新产品。这种新产品既要能溶于水，又要保持其口味。于是速溶咖啡应运而生，雀巢咖啡也因此在全球获得巨大成功。

数年前的2001年，距"9·11"袭击仅数月前，互联网泡沫破灭，纳斯达克狂降30%。对于市场和投资者而言，这一年并不好过。面对消费者信心过低，保洁推出了佳洁士净白牙贴，其产品价值飙升至2亿美元，成为众口称道的成功典范。

同年，史蒂夫·乔布斯（Steve Jobs）在《滚石》（*Rolling Stone*）杂志的一篇采访中说道："我们决定用创新方式度过这个艰难时日，如此才能在经济好转时领先对手一步。"[①]苹果公司发布了一代iPod，虽几经起伏，依然占据了数字音乐播放器市场70%以上的份额。

每一个成功故事的发生都是类似于创意流畅力过程的结果：辨识问题，寻找灵感，不断身临其境去评判与市场、问题的切合性，然后再从构想中寻找灵感，观察其是否符合市场需求，是否解决了最初的问题。

---

① 杰夫·哥德尔（Jeff Godell），2003——http://www.scribd.com/doc/60014670/Steve-Jobs-Interview。

创意流畅力简要说明

为了帮你评估自己或学生们对创意流畅力的掌握程度，请使用该方法。此法可针对单个学生，也可针对学生小组。下面是10个需要认真思考的句子。读完每一个句子，根据所评估的单个学生或小组对该特性的掌握程度，打出分数，分值是从1（极不符合）到5（非常符合）。如果学生能够自我评价并讨论结果，那就更好了。

逐条评分后，将分数加起来乘以2，得出学生创意流畅力的百分比，填写到每个清单下面的方框内，然后对比每一个流畅力的得分，以决定哪方面需要偏重或改进。

	1	2	3	4	5
明确地界定要求和所需的成果或目的。					
辨识受众，考虑他们的需求、偏好和动机。					
列举关键词和说明词，辨识有形和无形因素。					
参考大量媒体、渠道材料和有比较的因素，催生构思。					
批判性地反思资源的切合性，保持对任务的专注。					
不断地综合原材料，给出独创产品和想法。					
考虑可能的解决方案时展现出发散思维。					
综合创新形式与技术功能，提高价值。					
对想法进行批判性反思，从而与最初的目标相匹配，必要时进行修改或重构。					
从多个创新角度看待任务，比较多个解决方案，再选择最适合、最可行的方案。					
创意流畅力 _____%					

创意流畅力课时计划评分工具

课时计划评分工具用于评判每一单元中21世纪各流畅力的应用程度。流畅力分值表放在每一个课时单元的第一页，每个流畅力都列有一竖行图标。

下列句子是帮你在课时中定义创意流畅力特性所需考虑的问题，每个句子旁边都标有1~5，与流畅力简要说明中的类似。思考每一个句子，考虑它在该单元中的应用程度，从1（极不符合）到5（非常符合）给每个句子评分。

逐条评分后，将分数加起来乘以2，得出创意流畅力的百分比，以评判课时计划对学生的发展有多大影响。

	1	2	3	4	5
该挑战或问题要求学生给出独一无二且富有创意的解决方案。					
该挑战要求学生明确辨识所需结果和相关标准。					
该挑战要求学生通过激发灵感的思维过程来创造独一无二且富有创意的解决方案。					
该挑战引导学生从不同渠道获得灵感和想法。					
该挑战为学生提供一个在叙事、音乐和艺术应用上利用创新性数字、非数字方式解决问题的机会。					
该挑战给学生提供一个利用想象力来发掘原创想法或概念的机会，以用于制作创造性产品。					
该挑战要求学生在每个阶段都不断重复、返工和修改步骤，以改进解决方案。					
该挑战要求学生在解决方案中利用多种创造性数字、非数字技术。					
该挑战要求学生思考产品或解决方案的效能，反思其作为原创性作品的优缺点。					
创意流畅力 _____ %					

本章要点总结

- 智商测试分数每10年提高3个百分点，托兰斯创造性思维测试的分数自1990年以来却在不断下降。这种分数的下降主要发生在美国。
- 创意能力是21世纪的潮流。具有创意能力的个人和国家注定将会兴旺发达。新的第三世界将是那些出口创意能力的国家。商业对创意能力的需求将是前所未有的。
- 正如技术熟练度可以教授一样，创意过程也可以教授。这是个全脑思维过程，其中涉及使用创意流畅力五步法让大脑的两半球同时运转。
- 创意流畅力的五个步骤是：辨识、激发灵感、身临其境、想象和仔细观察。
- 在学生创造实际产品来展示他们对内容的理解的学习环境中，艺术教员成为举足轻重的支持网络，即协助学生将艺术与创造力融入各个科目的各个级别。
- 创意不仅仅是设计一个艺术产品，创造或创新指的是把以前不存在的东西给做出来。善于横向思维、提出创新性解决方案的人正是如今商界翘首以盼的人。在经济不景气时，有远见的人会投资创新。

本章思考题

- 现行教育过程是如何限制创意能力的？标准测试又是如何限制的？
- 创意能力和技术熟练程度之间有什么区别？
- 创意能力如何帮助学生学习数学、科学或其他传统上属于"技术类"的科目？

第七章 媒体流畅力

> 媒介即讯息。
>
> ——马歇尔·麦克卢汉（Marshall McLuhan）

为什么媒体流畅力如此重要？

以前，最强有力的交流科技是印刷机；如今，各种相对廉价的数字工具唾手可得，从手机到电脑等，制作声像内容变得轻而易举。因此，社会正在超越以文本为基础的交流方式，变成一个视觉化社会。

数代以来，图形一直以配有文本的插图、照片或图表的形式出现，起到说明的作用。想象一下纸质的《大英百科全书》（*Encyclopedia Britannica*）或《知识全书》（*Book of Knowledge*），它们涵盖了大量文字，只配有少量照片和插图。"插图"一词就说明了一切——辅助阐述主旨。主要的信息以文本形式呈现，图片只起到补充文本的作用。

然而，时至今日，尤其对于数字学习者而言，二者之间的关系已经出现了彻底的逆转。人们最先接触到的是图片或视频，文本的作用是为其提供更多细节。这是我们在《理解数字一代》一书中所描述的特质之一。自孩提时起，数字一代就不断接触电视、视频和电脑游戏，这些东西带来了色彩丰富、质量上乘、富有表现力的图片和多重感官体验，但配套的文本极少或根本没有。

因此，对于数字一代而言，图片与视频足以让他们独立交流信息，文字仅仅起到补充图片的作用。

教师和家长们可能还在用谷歌寻找书面信息，视频对于数字一代如此重要，以至成了他们钟爱的信息渠道。事实上，YouTube搜索服务每月的搜索查询量居世界第二位，每分钟都有48小时时长的视频上传。

在2500年前的柏拉图时代，随着我们从口述向书面过渡，对口述传统的价值争议颇多。然而，这种前进动力是无法阻止的，它将给我们的生活带来不可磨灭的变化。如今，我们日益在极少或没有文本的环境中交流，同样的争论也流行起来。不过，多媒体通信已成现实，以后也必将大行其道。

正如从口述向书面过渡需要我们去理解如何才能用书面文字更有效地沟通一样，如今向多媒体的转变也需要我们有新的理解对象。在学校里，我们要超越对文本的关注，将视觉媒体包含在内。我们要反复思考"有文化"的定义是什么，因为一个按20世纪的标准来说是有文化的人，在21世纪的背景下就可能会变成文盲。

教育者也必须明白，在多媒体世界里，掌握良好的传统写作技巧并不一定使人成为好的沟通者。数字时代有效的沟通交流需要的不仅仅是手写或机打报告等传统产品的能力。

网络是一片内容的荒原，它是由对设计原理了解甚少或根本不懂的人开发的。如今，熟练掌握平面设计、颜色理论、协调、平衡和空位等方面成为人们进行沟通的基础，这与展示部分、高潮和结局是我们理解戏剧结构的基础一样。

我们生活在一个交互的视觉世界里，必须能够创造、发布原创数字产品，才能利用文本元素、视觉元素和声音元素来提高沟通的效率。今日的学生要像我们当初学着用文本交流一样，利用平面形式进行有效的沟通。

媒体流畅力流程

人们常常认为，媒体流畅力就是熟练运用各种科技，但其实不仅仅是这样。媒体流畅力不只是操作数码相机或知道如何创建播客，而是要能够批判性地看待任何媒体中的内容，还要选择最合适、最有效的媒体来传达原意，还要能够制作出来。

媒体流畅力意味着要做一个"生消者"——高效的数字内容生产者和消费者。所以媒体流畅力包括两个部分：一是媒体输入，或称为消费；二是媒体输出，或称为生产。

倾听

倾听不仅是一种听觉技巧，也不仅仅是被动的消费，而是真正地去聆听，是能够批判性地看待网站、视频、博客、维基百科、电视节目、新闻或电视游戏中的内容。倾听指的是能够从大众可接触的大量媒体中解码真实信息，理解信息如何被塑造、偏移或甚至完全歪曲。

它涉及理解媒体如何被用于塑造我们的思维，评估某种媒介的利用程度如何，思考另外一种媒介是否更为适合。

换句话说，倾听是要衡量信息经由媒介传达的有效性。

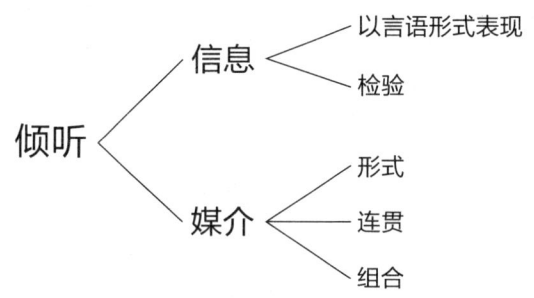

信息——若要衡量信息的有效性，我们必须将媒体与信息分离开来。移除信息的所有干扰之后（爆炸声、重金属吉他声、刺耳的轮胎声等），真正传达的是什么？信息的创作者究竟要向你传达什么？他们是要告诉你用了这款香体喷雾或发胶之后，异性会对你投怀送抱吗？或许是政治信息，告诉你投票给对方的危险性。

以言语形式表现——你要能够用言语形式清楚、准确地传达信息。这样一来，你就不会成为媒介的附庸，而是能够进行批判思维、分析思维和独立思维。

检验——第二，检验信息至关重要。这就要用到信息流畅力，即分析、查实、区分事实与看法和辨识偏见。检验并不是要判断信息的真实性，但这也是其中一部分。信息可以是看法，这是完全可以接受的，但如果确实如此，那就要把它当作看法来对待并恰当地思考。如果信息以事实方式呈现，那么其来源是什么？是否可以检验？如果无法检验，或许它就是蒙上事实面纱的看法。

以言语形式表现和检验如果应用得当，就可以让你理解真实信息，免受设计精巧的媒体的影响。

媒介——掌握信息之后，你可以考虑媒介，即分析实际传达、评估所选媒介的功效和适用性。

形式——评估媒介有三个方面。第一是考虑其形式。这主要是指设计方面：设计元素及其分析方法比较多，这里无法全部写明，不过其中包括配色方案、字体、统一性、平衡感、空白、布光等。所有这些元素必须反映信息并与之和谐共生。有时候可能会存在有意的强调和不平衡，目的是创造一种不适感。关键在于如果设计得当，形式元素应当能够独立地传达信息，如果有文字的话，也只能是第二位的。

连贯——凡事都有连贯性。好的故事要具有连贯性：主角要介绍，场景要设定好，矛盾要逐渐凸显，高潮要体现出来，随着冲突的解决，要有一个结局。电影要有连贯性，大家都看过一些开头很棒的电影，但随着连贯性缺失，从中间就变得乏善可陈。好的绘画作品也要有连贯性，它们的创作是要让你的眼睛向特定的关注点移动。普通广告也要有连贯性：设计公司和广告机构以启蒙运动大师们提出的原则为基础，将其转化为当今的数字工具，创造出的作品既吸引了你的眼球，又让你在众人挣扎的打扰式营销的海洋中靠岸，从而赚个盆满钵溢。

看待媒介时，请扪心自问，自始至终是否存在逻辑过程？如果连贯性很好，媒介与信息的协同作用将会大大有益于信息，使它超出其本身的意义。

相容性——最后，你还必须考虑相容性问题。媒介、信息和受众之间存在着无法打破的三角关系。如果不相容，信息就没了有效性，或者比原先的有效性差很多。

考虑一下目标受众和沟通的目的。媒介与信息是否相容？是否选择了最适宜的媒介？例如，如果目标受众是老年人，那么制作一个满是快镜头和哥特式死亡重金属音乐的病毒视频很可能不是个适宜的媒介。

> 今日的学生要像我们当初学着用文本交流一样，利用平面形式进行有效地沟通。

权衡

学会如何真正倾听、用言语形式表现、检验信息和分析媒介的形式、连贯性、相容性，这些都是能够选择最适宜的媒介来制造信息的基础。

这里要学的不是技术能力，而是要学会如何有效沟通，即能够找出传达信息的最适宜的媒介。对于某一特定信息而言，播客可能是最好的工具。换作其他时候，网站或许最为有效，又或者是视频，抑或打印文件或交互式便携式文档格式（PDF）。

将媒介与信息、受众协调起来，这是媒体流畅力的重要内容。了解科技不过是这一过程偶然又不可或缺的副产品。工具会变，需要了解和使用的新工具层出不穷，但21世纪的流畅力关注的不是硬件，而是头脑。媒体流畅力指的是在交互式多媒体世界里培养有效沟通的技能。

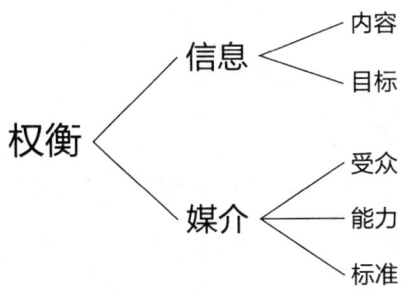

信息——与倾听一样，一切都从信息开始。这里有两个方面需要考虑，而且这两个方面都必须清楚地界定出来。两者相互引导，前后顺序可能不一样，但都必须界定才行。有时候信息内容已知，需要考虑的是预期目标。有时候预期目标已知，那就要创造合适的内容。

内容——思考一下你的信息是什么。信息的主旨和内容是什么？理解你的信息往往是第一步。你想要表达什么？

结果——第二个需要考虑的是信息的预期目标，这在构思沟通中扮演重要角色，因为同样的信息可以用不同方式表现，每一种表现方式都会产生不同的结果。我们将这称为"协调"。例如，假设本来应该你的配偶把垃圾袋拿出去，你想让对方知道你代做了。你可以说，"我知道你今天要思考很多东西，不能专心致志，有些承受不住，所以我替你把垃圾袋拿出去了。咱们现在一起喝杯酒放松放松吧。"你也可以说，"你又忘了把垃圾袋拿出去，我又替你做了。这么简单的事情，你怎么就记不住呢？"

这两种方式传达的是同一个信息，但其结果可能完全不同。人所说的内容远远不如表达方式重要，所以要仔细考虑预期目标。

媒介——理解了内容和作为基础的目标之后，我们可以考虑媒介，通过辨识另外三个构成要素来构筑信息的基础。

受众——首先，考虑你的受众是谁。还记得哥特式死亡金属音乐和你奶奶吧？在选择最适宜的媒介中，受众是至关重要的构成要素。你可能还要考虑多个人口层次。例如，你可能要与社会上各个层次的人们、多个年龄阶段或多种文化、多种收入层次的人沟通。每一个构成要素都得考虑，而且事实上很有必要为每一个特定团体设计多种信息。

能力——其次，考虑你自己的身份。换句话说，你具备哪些能力？你现在能够使用哪种媒体，另外还掌握了哪些媒体？通过这一过程，你能培养新技能吗？是否可以让别人替你做这一产品？明白个人身份和可能做到些什么将能协助你缩小潜在的媒体选择范围。

标准——最后，存在什么样的标准？例如，可能有一个具体的截止日期，如此一来，时间就成为限制因素。预算有限是常见的，这就意味着你要善加利用手头现有的东西。你还可能遇到形式限制的问题。你可能被要求制作某种具体的东西来满足具体的标准，比如幻灯片，显然，这样的话，你对于媒介的选择就有了明确的方向，因为制作幻灯片只有十几种适宜的工具可用。

选择何种媒介取决于你作为消费者和生产者的亲身经验。通过倾听，你评估了不同媒介传达具体信息给广泛受众的功效。通过你个人的经验权衡媒体，你可以对选择有效的媒介有更多的远见。选择好媒介后，你将做好利用其他流畅力进行沟通的准备。

学生创造了数字产品，该数字产品不只反映了对必要内容的理解，结果会怎样？如果说不指导他们该做什么，而是要他们展示已知知识，选择最适宜的沟通方式，他们会制造出什么？想想吧！可能性是无穷无尽的！

学生们将深受鼓舞，干劲十足，他们可能以与我们不同的、超乎预想的方式使用现有科技，创造出令人意想不到的产品。事实上，这正是我们与全球教育者共事时看到的结果。教室变成了激发教师和学生动力的地方。

数年前，我们跟阿肯色州乡村地区的一组老师共事过。其中一位教师名叫萨拉（Sarah），年纪50多岁，教学方式一成不变。然而，她逐渐意识到以前在课堂上好用的东西如今不好用了，为了学生，她必须另辟蹊径。尽管对于向21世纪学习环境过渡多有忧虑，她依然欣然接受这一过程，心知这一路必将坎坷不平。

一年后，我们在一次区域会议上遇见了萨拉。她跑到台上和我们说话，整个人充满了激情。我们问到教学进展怎样，她说："学生们每天都让我感到震惊，让我感到惊喜。你知道什么叫绿幕吗？哎，我以前根本都没听过。学生拿来一团纤维，开始拍摄一个时间旅行者回到过去，调查电出现之前人们如何生活的视频。想想去学校我就好兴奋！我从来都无法知道他们会做什么，不过出勤率很高，几乎没遇到过纪律问题，他们的学习成绩也飞一般地提高了。"

这不是个例，而是那些不再规定如何学习的教育者的常见反应，他们给学生交流已知知识、以适合自己的方式学到知识的机会。在多媒体世界里，沟通已不再仅仅是文字了。学生需要媒体流畅力来理解如何才能更有效地利用数字工具解决问题，创造能够传达信息、激发灵感和引发兴趣的现实产品。

现实世界中的媒体流畅力

周五夜，漫长而劳累的一周过去了。城市通常是温暖、生气蓬勃的，但今晚刮着大风，刺骨地寒冷，还飘着雨。杰瑞米和阿什利（Ashley）通常会吃完晚饭出去散个步，但在今晚，沙发注定要吸干他们双腿上的能量，加倍重力，让他们觉得好像在木星上一样抬不起脚，站起身都得挣扎一番。他们放弃了挣扎，打开了电视。

和往常的夜晚一样，150个频道播的东西都让人看不下去，为了寻找乐趣，他们一边挨个换台，一边讨论每部电视剧不好的地方在哪里，如果有一天他们成为监制会怎么做。"为什么叫纪实电视节目？"杰瑞米问道。"把一群人放到一座岛上，叫他们为了钱背后伤人。人们都知道有摄像头在，这怎么还叫纪实节目？他们住临时营房，连水都没有，是怎么化妆、做头发的呢？快看，都能看到化妆人员给他们脸上抹灰弄成撞船的痕迹。"阿什利说道："唯一的纪实电视节目是运动。迈阿密热火队打败湖人队就不是预先安排好的，简直富有诗意。我抑制不住兴奋之情，我太爱德维恩·韦德[①]（Dwayne Wade）了。"

"嘿，为什么每个烹饪竞赛节目里都有至少一个不懂怎么做炒蛋的所谓厨师呢？这些人是从哪个旮旯儿找来的啊？"阿什利慷慨激昂地问道。"估计是从我们上周吃饭的那家小酒馆吧，"杰瑞米说道。"嗯，对，那次吃得太不爽了。"

倾听

接着他们又换了个频道，广告里一个书呆子气的家伙打着铅笔那么细

[①] 德维恩·韦德：1982年1月17日出生于美国伊利诺伊州芝加哥，美国职业篮球运动员，司职得分后卫，被公认为现今NBA联盟中运球过人速度最快的球员之一。2003年第五顺位被热火选中，职业生涯至今，韦德已带领热火队夺得两次总冠军（2006年、2012年），其中2006年获得总决赛MVP。

的领带，戴着黑眼镜，配着尽职尽责的口袋护套，正照镜子打理自己的头发。他从一个黑瓶子里挤出一把橘黄色黏液抹到头发上，弄成时下最流行的滑稽风格。突然，门铃响起。他打开门，三个漂亮女人如饿狼一般扑到他身上。"我明天也去买那玩意儿，"杰瑞米说道。"没用的，我才不会那么着扑到你身上，门铃也不会响。"阿什利回答道。

接着，他们讨论起这个广告。他们聊了聊它所传达的信息，觉得尽管它幽默感十足，又显得特别荒诞不经，却暗示漂亮女人会情不自禁地对使用这一发胶的男人投怀送抱。他们认为这家公司对其产品的质量或优点只字未提。事实上，这个广告没有传达任何信息——一点信息都没有。

广告的预期目标肯定是将产品与众所周知的转变联系起来——从不适感、被排斥感向吸引异性转变。

尽管这个广告没有传达任何信息，而且利用幽默来解除大家的戒心，这家公司却试图与许多人都有的下意识的不安全感联系起来。接着，杰瑞米和阿什利又讨论了媒介以及在动态视觉形式中不用语言来传达此类信息最为有效，而杂志里的普通广告远远算不上有效传达信息。阿什利强调她最爱的依然是杰瑞米，他没必要去买那种发胶。于是，两人继续观看起家庭装修节目。

权衡

每天早上上课之前，塔尼亚（Tanya）都会出去跑步。城市中心有几条沿河的小路，景色很美，但她逐渐觉得树林里和河边的垃圾越来越多。一天早上，她再也无法忍受，决定采取行动。

她心知自己想清理这片区域并保持清洁，而这需要帮手。她开始思索谁会伸出援手。小路上走的人很多，他们一定和她有着同样的感受——跑步的人、去上课的学生、热爱大自然的人——但如何联系他们所有人呢？

她决定采取多种方式。首先，她创建了一个Facebook主页，邀请朋友和朋友的朋友加入。她还联系了当地跑步商店和户外商店，他们都用邮件给客户发了链接。跑步俱乐部里有人建议举办一次跑步和捡垃圾活动：每人拿着一个垃圾袋跑到小路的不同地点，边走边捡垃圾，一直到另外一人起始的地方为止。

不过，小路很长，跑步俱乐部无法全部覆盖。她把这次活动发布到Facebook主页，邀请所有人参加。好多人给她确认，人多得足以保证活动成功：学生、跑步的人、户外商店的人，还有一些人看到朋友主页里的链接后也加入了。

然而，塔尼亚想长久地解决垃圾问题，但由于小路边没有垃圾桶，她觉得这个问题很可能会继续下去。她可以每年都组织清理，但这一年里看着垃圾堆积实在令人沮丧——这样不能一劳永逸地解决问题。

她给满是垃圾的小路拍了照，在照片上添加了一个垃圾桶，配了一个带有"此处应有标识"的空白框，还用箭头指着垃圾到垃圾桶，配着"垃圾请放到此处"的文字。她做成了简单的宣传册，一些宣传册上还募捐垃圾桶，然后把这些投给小路附近的商店。垃圾桶深得人心，她募集了足够的钱来制作垃圾桶。接着，她又想到清理垃圾桶的问题。

她向Facebook群组征求意见。其中一位成员来自户外商店，正好也是当地童子军小队的队长，他们正寻求筹资和服务的机会。

垃圾桶募捐剩下的钱给了童子军小队，他们接手了整个项目，即清理垃圾桶和安排每年的维修款募集。如今，塔尼亚出去跑步的时候不再因为垃圾感到沮丧，每当跑过垃圾桶时，她都充满了自豪感。

媒体流畅力简要说明

为了帮你评估自己或学生们对媒体流畅力的掌握程度，请使用该方法。此法可针对单个学生，也可针对学生小组。下面是10个需要认真思考的句子。读完每一个句子，根据所评估的单个学生或小组对该特性的掌握程度，打出分数，分值是从1（极不符合）到5（非常符合）。如果学生能够自我评价并讨论结果，那就更好了。

逐条评分后，将分数加起来乘以2，得出学生媒体流畅力的百分比，填写到每个清单下面的方框内，然后对比每一个流畅力的得分，以决定哪方面需要偏重或改进。

	1	2	3	4	5
理解多种媒体和设计是如何影响看法、激发情绪的。					
辨识受众，考虑他们的需求、偏好和动机。					
从大量媒体中选择最适宜和不同受众有效沟通的。					
准确、始终如一地从大量媒体中识别所需信息。					
检验信息的准确性，分辨事实、偏见、看法和曲解。					
识别多种格式传达信息时媒体、信息和目标的相容性。					
界定沟通目的，考虑信息格式是如何影响结果的。					
理解平面设计的原理并创造性地加以应用。					
始终采用不同的媒体平台来有效地分享、展示想法。					
批判性地反思、调整沟通方式，以保证受众、信息和目标的相容性。					
媒体流畅力　　＿＿＿＿＿％					

媒体流畅力课时计划评分工具

课时计划评分工具用于评判每一单元中21世纪各流畅力的应用程度。流畅力分值表放在每一个课时单元的第一页，每个流畅力都列有一竖行图标。

下列句子是帮你在课时中定义媒体流畅力特性所需考虑的问题，每个句子旁边都标有1~5，与流畅力简要说明中的类似。思考每一个句子，考虑它在该单元中的应用程度，从1（极不符合）到5（非常符合）给每个句子评分。

逐条评分后，将分数加起来乘以2，得出媒体流畅力的百分比，以评判课时计划对学生的发展有多大影响。

	1	2	3	4	5
该挑战要求学生分析不同的媒体，从其用途中提取信息和内涵。					
该挑战鼓励学生在看待不同媒体时主动倾听，以理解该媒体向观众传达的信息。					
该挑战鼓励学生思考不同媒体如何被用来影响思维和看法。					
该挑战要求学生在设计解决方案时考虑不同的数字媒体。					
该挑战要求学生将数字产品融入其解决方案。					
该挑战或问题要求学生给出选择使用某个媒体的理由。					
该挑战引导学生在选择传达预期解决方案的适宜媒体时考虑其受众、目标和能力。					
该挑战要求学生分析媒体中预期信息的形式、连贯性以及与目标受众、目的的相容性。					
该挑战引导学生批判性地反思、评估所创造的产品和设计解决方案时所采取的过程。					
媒体流畅力 _____%					

本章要点总结

- 社会正在超越以文本为基础的交流方式，变成一个视觉化社会。自孩提时起，数字一代就不断接触电视、视频和电脑游戏，这些东西所传达的是色彩丰富、质量上乘、富有表现力的图片和多重感官体验，但配套的文本极少或根本没有。因此，对于数字一代而言，图片与视频足以让他们独立交流信息，文字仅仅起到补充图片的作用。

- 一个按20世纪的标准来说是有文化的人，在21世纪的背景下可能就会变成文盲。

- 媒体流畅力意味着要做一个"生消者"——高效的数字内容生产者和消费者。

- 媒体流畅力（倾听和权衡）指的是培养在交互式多媒体世界中有效沟

通的能力。
- 学生需要媒体流畅力来理解如何才能更有效地利用数字工具解决问题，创造能够传达信息、激发灵感和引发兴趣的现实产品。

思考题

- 你会如何定义21世纪的有文化？
- 你能想出信息与媒介不匹配的例子吗？

第八章 协作流畅力

同舟共济是开端,聚拢人心是过程,众志成城才会成功。

——亨利·福特(Henry Ford)

全球虚拟沟通已成为现实,且已对日常生活产生巨大影响。时至今日,孩子们搜索信息或玩游戏的时候,很可能就在与来自欧洲、亚洲或北美洲的人交互、竞争和协作。

有线、无线通信中的电子科技基本上消灭了距离感,而距离感从来没有像在这个时代里一样显得如此微乎其微:想了解油轮泄漏之影响的孩子们可以与路易斯安那州、密西西比州或佛罗里达州的学生们畅所欲言;想了解地震和海啸等自然灾害之影响的学生可以与日本或新西兰的人交流。

如今,学生可以通过虚拟伙伴关系跨镇或跨国做项目,所培养的技能将是巨大的助力,因为工作世界也正在受到新通信科技的影响。

安德鲁·彻奇斯、李·克罗克特和伊恩·朱克斯最近出版了一本新书,名叫《数字套餐》(*The Digital Diet*)。写作过程中,李身在日本东京,安德鲁住在美国奥克兰附近,伊恩则在全球四处跑。

但是,尽管他们在科罗拉多州丹佛市的一次会议之前从未在同一时间待在同一个地方,却依然成功地写出了《数字套餐》。

不仅如此,他们各自都见过彼此的妻子儿女,而且交往甚密。他们是如何做到这一点的呢?当然是通过网络电话和各种在线软件。

这就是现代化协作的实质,它指的不仅仅是学生们坐在桌子周围解决问题了。

我们将协作流畅力定义为团队工作的熟练程度,即在实体、虚拟环境中下意识地与现实伙伴、虚拟伙伴协同解决现实问题、虚拟问题的能力。

协作流畅力流程

确定

协作流畅力始于几个关键构成要素的确定。

团队——界定共同体，确定利益相关者，组织团队。

角色与责任——确定兴趣与专业领域；为每个团队成员分配最有效的角色；为每个团队成员指定具体的责任；确定团队成员应该拥有的所有权级别和控制权级别；申明不能达成一致时该如何做决定；为何时完成何事确定期限；确定一个团队内部处理争论的流程；决定团队如何分配义务；说明团队成员不履行义务时如何解决。

规范——决定团队成员之间如何沟通和互相沟通的频率；确定团队的规范，说明组成团队的目的是什么、目标是什么和如何评估成果。

界定项目范围——说明团队将会应对的挑战或遇到的问题；确定利益相关者；说明项目预期；说明项目成就和预期结果。

信息需求——具体说明已有和所需信息中哪些能够切中问题。

领头人——说明该协作过程的领头人是谁，他们的职责范围是什么。

团队契约——给每个团队成员确定业绩预期，签署团队契约。其中包括确定每位成员的角色和责任，申明已确立的规范和目标。

这将为展望阶段建立坚固的基础。

展望

根据韦氏在线词典的定义，"展望"指的是在脑中进行想象，通常是要构想现实中尚不存在的东西的结构或外貌。例如，你可以想象一个场景，比如说房间油漆或装饰后会是什么样，或者想象另一个星球上的生活，或现实有所改变后，未来会是什么样。

在协作流畅力的展望阶段，团队要视觉化、界定和检验团队的目的、问题、挑战、较优解决方案和目标，共同决定协作结果和用来评估结果的标准分别是什么。其中的关键因素是：

- 指明问题
- 说明现状
- 界定未来预期
- 具体说明信息需求
- 辨识已有信息和所需信息
- 训练团队成员（再次申明，必要时方可采取）
- 设计书面行动计划：做什么，如何做，什么时候做，在哪里做，谁来做。

此处的关键因素是同时想象成果和将被用来成功获取成果的协作过程。记住，要时刻铭记这不是一个线性过程。随着对事情的理解越来越深，我们很可能要重新回到协作流畅力和其他流畅力的前一个或几个阶段。

确定和展望的下一步自然就是制订计划。

制订计划

制订计划指的是列出从起步到目标的所有步骤。制订计划的重要技能包括：为每位团队成员量体裁衣分配职责；参与整个流程；制订一个引导我们工作的计划——在工作开展过程中，该计划要能够不断地检验、讨论和重新评估。

这个过程与我们在问题解决流畅力中描述的谋篇布局相似，其关键点在于将每位成员的个人长处、远见和创造力融入流程中去，而且在开始工作之前就打好这个基础是至关重要的。团队得以建立，目标得以想象，计划得以制订，接下来就要执行计划了。

执行方案

执行方案与问题解决流畅力中的做给人看相似。在这里，计划实施的关注点是给出切实可行的解决方案或真实可感的产品，并且最大化地利用了团队内部成员的个人长处。与做给人看一样，给出理论性解决方案只算是做了一半工作。

接着，要对解决方案进行压力测试。单设计演示文稿是不够的，还要演示出来才行。若解决方案不能得到全面执行，团队将永远无法知晓其是否管用。产品的成形会给团队整体和团队成员带来价值不可估量的信息和反馈。

最后是检验阶段。方案一旦执行，通过检验所采取的步骤和所创造的产品或解决方案，人们就能获得最有价值的洞察力。

审视

审视包括回顾流程，以团队为单位来判断挑战是否得到解决，目标是否已经达到，寻找提高空间，确认各人贡献度，提出富有建设性的反馈和批评。

各成员是否尽职尽责？是否遵守了一致同意的规范？意见分歧是如何解决的？与其他团队成员沟通事务的效果有多好？项目期限、团队和个人绩效预期是否达到？

只有当审视彻底、团队契约的各个方面都已实现时，协作才算完成，团队才可以解散。

协作流畅力实例

听到日本发生地震和海啸的消息，格伦罗钦中学（Glennrochon Middle School）社区的成员极为震惊。该学校有五位来自日本福岛某一村庄的交换生，使得这次悲剧更具冲击力。许多家长——包括招待五位交换生的家长——联系了学校管理层、教职工，打算为这次灾难的受害者举办一次捐款活动。

校长玛丽·特纳（Mary Turner）、学校秘书安娜·布朗（Anna Brown）、体育教师杰瑞米·艾拓（Jeremy Ito）和八年级数学教师拉瑞·威尔斯（Larry Wells）志愿与家长们共同设立一个委员会来组织这次捐款活动。

确定

五月的一天晚上温暖而光明，委员会在玛丽家里召开了第一次会议。会议流程首先是各种介绍，接着是对期望达成的目标提出意见和建议。

起初，他们打算通过烘烤食品义卖、举办慈善抽奖和组织其他独立活动来筹款。然而，随着讨论继续进行，委员会意识到这是既能筹款又能弘扬日本文化的大好机会。最后，众人一致同意筹款当天不仅要举办几个筹款活动，还将是整个大家庭的喜庆日，举办各种活动和展示，其中包括：柔道、空手道和剑道表演；日语猜谜游戏；手工饰品义卖；寿司制作表演、义卖；书法和明信片；风琴表演；日本音乐演奏；日本蛋糕和绿茶；日本美容美发表演；蹦床城堡、弹簧垫和橡皮船滑梯；体育活动；一个书摊；一个二手衣物摊点；培养团队精神的游戏和挑战等。

人们很快踊跃地各就各位。杰瑞米是日本后裔，他主动请缨来组织文化活动，安娜、贝蒂（Betty）和蒂娜（Tina）主动帮忙；拉瑞、珍妮特（Janet）和罗伯（Rob）负责组织体育活动、游戏和挑战；罗塞尔（Russell）和米卡（Mika）负责书摊、二手物品义卖和食物；迈克（Mike）负责宣传和筹款；安娜负责财务。

作为团队，他们定下了日期，确定了后续会议的日程，一致同意通过邮件和电话互相联络。

之后，各分队分别会面，框定任务，开始为了计划阶段分析已知信息和所需事物。

这为展望阶段打下了坚实的基础。

展望

之后，各分队独立、联合设想他们的目标。他们明白了协作的结果和判断成就的标准分别是什么。为此，他们明确了挑战和未来预期，辨识了信息需求，与其他分队分享了各自的想法和遇到的挑战，拟写了具体说明做什么、如何做、在哪里做和由谁来做的书面计划。

设想流程时，各种问题、困难和挑战逐渐浮出水面，但通过独立和协作，他们逐一讨论、解决了每一个问题，或者调整了预期，同时保证委员会的其他成员了解他们的计划过程是如何开展的。

制订计划

随着活动日期越来越近，委员会全体成员召开会议来概括该阶段的计划过程。他们一起制订了活动计划，列出了从起步到目标的所有必需步骤。在此过程中，委员会共同为每位团队成员分配了职责，制订了逐步计划来引导团队组织活动。

有关物资、监管和安全的问题随之出现，但由于所有成员在制订计划阶段都保持联络，这些问题很快便得到解决。最后，活动日到来，执行计划的时间来临。

执行方案

将近两个月的组织策划之后，团队开始执行计划。活动前一天，夜里一场大雨给露天市场带来困难，但由于早已对坏天气有所考虑，为了以防万一，他们定好了将几项活动挪到体育馆和咖啡馆的计划。结果，天气迅速好转，阳光明媚，暖意浓浓，筹款活动开始的时候，委员会得以执行原计划。与做给人看阶段一样，给出理论性解决方案只做了工作的一半，解决方案还要经受压力测试才行。单设计演示文稿是不够的，还要演示出来才行。举办活动的这一天是漫长的，但也是成功的。共有800多人参加了筹款，为联合国教科文组织筹集了高达28000美元的善款。除此之外，社区还以非同一般的方式见识了日本文化，交换生为格伦罗钦中学社区支持他们和他们国家的努力深受感动。

最后，委员会在玛丽家召开最后一次会议来审视活动过程。

审视

委员会成员坐在后院,喝着冰爽的饮料,听着烤架上牛肉的滋滋声,回顾起过去几个月的活动,对两方面进行了反思。其一,整个流程——他们要以团队的角度来判断是否解决了困难、实现了目标。

接下来,他们讨论了哪些地方有可改进的空间,论功行赏,又给其他人提出了建设性反馈和批评。通过回想,他们一致认为,如果当初知道自己已有哪些信息,许多事情会以不同的方式来做,但这次筹款活动从经济和技术上来说都是一项伟大的成就。他们一致认为,制订计划的过程非常好,决定每年都举办这样的活动。

协作流畅力简要说明

为了帮你评估自己或学生们对协作流畅力的掌握程度,请使用该方法。此法可针对单个学生,也可针对学生小组。下面是10个需要认真思考的句子。

	1	2	3	4	5
展现出组织人员、数据和资源的技能。					
与其他人交流、生成想法、制造产品。					
在多种媒介和社交环境下使用合适的人际技巧。					
在网络间使用多种科技高效协作。					
作为团队成员,积极参与,了解自己担任不同团队角色的能力。					
展现出熟练的人际管理处理能力。					
通过多种方式解决冲突。					
通过协作、交换想法和以他人成就为基础来理解创意过程。					
对跨文化协作相关的问题和流程具有敏感性。					
反思和修改每个阶段的流程和产品。					
协作流畅力 _____%					

读完每一个句子，根据所评估的单个学生或小组对该特性的掌握程度，打出分数，分值是从1（极不符合）到5（非常符合）。如果学生能够自我评价并讨论结果，那就更好了。

逐条评分后，将分数加起来乘以2，得出学生协作流畅力的百分比，填写到每个清单下面的方框内，然后对比每一个流畅力的得分，以决定哪方面需要偏重或改进。

协作流畅力课时计划评分工具

课时计划评分工具用于评判每一单元中21世纪各流畅力的应用程度。流畅力分值表放在每一个课时单元的第一页，每个流畅力都列有一竖行图标。

	1	2	3	4	5
该挑战要求学生通过团队协作创造"智慧型"解决方案。					
该挑战要求学生与团队成员沟通交流，分享信息，交流看法，催生新构思。					
该挑战鼓励学生利用个人长处和才能为团队服务。					
该挑战鼓励所有团队成员提供信息和观点。					
该挑战鼓励学生遇到看法或观点不一致时进行横向思维，要求学生提出冲突管理、仲裁的策略。					
学生接受其在团队产品和支持、鼓励同伴的个人责任。					
该挑战鼓励学生通过跨文化认同感和敏感性来进行协作。					
该挑战要求所有团队成员共同参与、管理来执行方案。					
该挑战引导学生批判性地反思、评估所创造的产品和设计解决方案时所采取的过程。					
协作流畅力 _____%					

上列句子是帮你在课时中定义协作流畅力特性所需考虑的问题，每个句子旁边都标有1~5，与流畅力简要说明中的类似。思考每一个句子，考虑它在该单元中的应用程度，从1（极不符合）到5（非常符合）给每个句

子评分。

　　逐条评分后，将分数加起来乘以2，得出协作流畅力的百分比，以评判课时计划对学生的发展有多大影响。

本章要点总结

- 全球虚拟沟通已成为现实，有线、无线通信中的电子科技基本上消灭了距离感。
- 协作流畅力指的是团队工作的熟练程度，即在实体、虚拟环境中下意识地与现实、虚拟伙伴协同解决现实、虚拟问题的能力。
- 协作流畅力的五个步骤是确定、展望、制订计划、执行方案和审视。

本章思考题

- 还有哪些全球虚拟沟通方式可以用于教室教学？
- 你如何定义现代化协作？
- 为什么团队契约很重要？

第九章 全球数字居民

我们人类需要且应该获得一种思维开阔的居民意识，对世界如何运转有基本的了解。

——卡尔·萨根[①]（Carl Sagan）

培养学生的五种流畅力——创意流畅力五步法、问题解决流畅力六步法、协作流畅力五步法、信息流畅力五步法和媒体流畅力两步法——不只是帮他们培养21世纪所需的技能，也是帮他们更上一层楼，即成为我们称作全球数字居民的理想人类。

不久前，我们与世界其他地区发生联系的方式无非是通过《国家地理》（*National Geographic*）杂志和新闻上断断续续的小视频。当然，这已成为明日黄花。之前说报纸到手就已过时，确实是这么回事。如今，世界大事都以在线方式实时评述，网络和社交媒体的崛起为我们提供了一种能力，让我们能以前所未有的各种方式发生联系。

它们改变了政治舞台，推翻了政府，绕过了审查。想象一下，突尼斯人民的反抗为埃及人改朝换代提供了动力，而这又激发了利比亚的行动。

当地震和海啸肆虐日本之时，电话通信全部被切断。我们和其他人一样，都只能通过社交媒体与那边的朋友、家人保持联络。一次大规模余震发生时，李的一位朋友正在家乡奈良市（Nara）的大街上行走。他马上发推特说，又发生了一次地震，同时询问震中在哪里。此时，李正好在线观看日本现场的新闻节目。朋友发推特一分钟不到的时间里，李就告知了震

[①] 卡尔·爱德华·萨根(Carl Edward Sagan)，美国天文学家，科普作家，科幻小说作家。

中位置和震级。这是以对话形式实现的，就好像他们坐在同一间屋子里，可实际上他们都一年多没见过面了！在数字人生里，我们与朋友们时刻保持联系，就好像在进行一场永不终结的对话，只是中间有时停顿得比较长而已。仔细想想这一现实吧。

这种程度的全球相互连通是惊人的。自以为我国就是全世界的时代已经过去，我们的社会地位和劳动力地位都已上升成为全球居民。正因为如此，我们应当明白，自己必须能够当面和在虚拟环境中与其他文化背景的人沟通、协作。

尽管我们的行为从来都具有全球性、长期性影响，可以前我们看不到。拉斯维加斯发生的事也只停留在Facebook上。雇主和大学监控社交媒体，以作为其决策过程的一部分。雇员因其网络行为被开除的例子屡见不鲜。

最近，加拿大温哥华（Vancouver）在一次冰球比赛后发生了骚乱。汽车被烧，店铺被抢，整个事件都被记录下来并在网络上实时播放。一个网页被创建出来，供人们发布照片和视频，作为资源库来辨识罪魁祸首。网页的标题说得再正确不过了："在网络2.0时代匿名犯罪？太天真了！"

有关破坏行为的图片和视频共上传了一百多万份。照片里被认出来的学生被学校停课。有些人发布评论，吹嘘自己做了哪些坏事，很快就被"朋友们"指认出来。警方根据接到的成百上千的线索提起诉讼。

温哥华风景如画，平和静美，热爱大自然，给人安全感，市民们绝不愿一群无知的人毁了他们的国际声誉。除了在线举报之外，Facebook群组同时诞生，用于组织第二天早上的清理活动。超过1万名温哥华市民凌晨6点就出门打扫卫生，维修受损物品，而这全都是在几个小时内通过社交媒体组织起来的。

我们也逐渐意识到地方决策对全球环境的影响。反之，世界大事也在影响国内政策。福岛核设施爆炸报道刚出来没几个小时，就有人呼吁北美洲核电站建设中止，还有讨论如何对现有设备的安全性进行重新评估的。一周之内，恐惧变成惊慌，盖革计数器和碘丸成为热门话题，在美国的许多地区都销售一空。

作为数字世界的全球居民，我们应该培养学生理解这一现实有何意味的能力。全球数字居民成为核心价值观和个人身份的背景，在这些基础上，我们才能应用其他流畅力。例如，问题解决流畅力可以让你构思计划来侵入学校电脑，修改自己的分数。信息流畅力可以让你判断改成多少分，才能满足心仪大学的要求。创意流畅力可以帮你设计一些看似真实的文件，从而掩藏自己的踪迹。协作流畅力让你通过与团队协作，加快改分进程，也可以趁机提高团队成员的分数。然而，全球数字居民是一个框架，它帮助你思考这样做可不可以以及这种行为是否适宜。

在单元计划中，我们给出与全球数字居民原则的关联，在单元展示过程中和结束后就如何形成这些原则提出建议。由于这个过程与学生的生活和行为直接相关，那么就具有实质性和参与性。同时，我们还将帮学生界定、形成他们的核心信念。

个人责任心

作为父母，我们的一部分工作就是要保证孩子们离开家门时在一定程度上不再需要我们了。对于作为学生的孩子们来说，这同样适用。与21世纪学习与生俱来的是学习责任的转变，即从教师（传统的责任人）转移到学生（本来就应该承担责任的人）身上。学习是他们的事，也应该由他们负责才对。培养个人责任心（如何管理财务、伦理和道德边界、个人健康长寿和各种各样的关系）是这个过程的一部分。这种教育方式的转变不会给学生界定这些问题，而是为他们提供充足的机会来自己进行界定。

全球居民

居民身份不再局限于一个人居住的国家。俯拾皆是的数字媒体已经推翻了障碍与边界，使得沟通、协作、对话和辩论达到前所未有的规模，并且遍布社会的各个阶层。

上一代人很少有机会与来自其他文化的人进行互动，主要是通过旅行或从主流媒体提供的少量披露出的信息和观点，且通常涉及的是冲突或灾难。这一代和以后的数代将不再是一座孤岛——他们将成为全球居民。正因为如此，他们必须对全球居民同伴的问题、传统、宗教和核心价值观、文化等有所了解。要做到这一点，就需要具有宽容心和理解力，开放包容，体察他人，还要具有人道主义心肠。这些联系终究将改变世界。

数字居民

培养个人责任心的一种绝佳方式是通过正确实施数字居民项目，其中界定了网络环境的适宜行为。以前作为标准而为众人所接受的使用规范多是简单列举一些规则，即使用科技的"你不准"原则。这些都是些宽泛、不灵活的文件，每当新技术出现就需要更新，学生们又得围着它团团转。

显然，必须要制订一些指导方针才行。打个比喻来说，就像你年少的孩子学会开车、拿到驾照、约定好开车时的行为之前，你不会把钥匙交给他一样。然而，我们却会在指导极少的情况下，就将能上网的数字设备给了孩子们——而且通常在他们年纪特别小的时候。

为人所接受的使用规范似乎是个很好的解决方法，而我们发现，更有效的方式是将适宜行为的责任转嫁到学生身上，借此来培养其独立自主的能力和个人责任心。

我们与学生携手并肩，帮他们理解什么是合理使用，还让他们每年签订《数字居民协议》，同意遵守以下六个主要原则：

- 尊重自己。
- 保护自己。
- 尊重他人。
- 保护他人。
- 尊重知识产权。
- 保护知识产权。

我们通过与社区协商而制订的纪律处分也反映了现实世界。例如，非法下载音乐或电影是盗窃行为：学生不会走进店铺偷一张DVD或CD，所以为什么要不付钱下载呢？他们要明白，网络上的自我与现实中的自我是一样的，正因为如此，他们必须行为适当，应付网络环境与现实环境中同样的结局。

协议到位、解释完毕后，责任总是要回到学生身上。我们无须创造规则——学生必须决定自己的行为是否符合他们承诺要遵守的原则。

与我们合作的大多数学校都配有完全开放的网络，或者网络过滤只处于基础级别。正如几位同学跟我们所说的那样，网络过滤只会为难成年人，学生们知道如何使用代理服务器来给过滤网戳一个洞。除此之外，他们只需要任意一台3G设备（当然是完全没有过滤的），就好像在家里或外面其他地方使用的网络一样。我们相信，相比企图封锁网络，更好的解决办法是通过签订《数字居民协议》，让他们承诺尊重和保护自己、他人和知识产权，界定每时每刻的网络行为——包括校内校外。我们在此提供了两种《数字居民协议》的样本，分别适用于初中和高中。我们建议你影印下来，好好利用其中的准则，在学生课堂项目方面创造一个朝着全球数字居民发展的环境。

21世纪流畅力项目——数字居民协议（初中）

对自己负责
- 选择适宜和尊重他人的网络名称。
- 只邀请你在现实世界中熟识的人来做网络世界里的朋友。
- 只访问适宜的网站，遵守网站关于年龄的规定。有些网站仅限成人访问，如果你觉得有些网站不好意思给父母或祖父母看，那它就是不适宜的。
- 做好隐私设定，这样一来，只有你熟识的人才能看到你和你的私人信息。

- 上传的信息和发布的图片都要适宜，能看到你档案或图片的人并非都是善类。
- 一旦在网络上遇到令你觉得不舒服或不开心的东西，记得举报。
- 与你信任的成人谈论网络经历（包括好的经历和坏的经历），比如你的父母或老师。

对他人负责

- 不要向他人发送火药味电邮（伤人或煽动性信息），或转发刻薄、不良信息，这样才能显示出你对他人的关照。
- 不参与带有刻薄、不善或欺凌意味的对话。
- 听到带有刻薄、不善或欺凌意味的对话，一定要举报。想象一下，如果被写的人是你自己会怎样。如果你觉得这些东西冒犯了你，那它就是不良信息。
- 有些内容十分粗俗，因为其中展示的都是些不良或非法行为——或者种族歧视、偏执，抑或特别刻薄。不浏览这些网站就是对他人的尊重。如果不小心浏览了，赶紧关掉，告诉你的老师或别的成年人。
- 非经邀请，别试图闯入他人的网络空间，也别盯梢或复制他们的图片，这就是尊重他人的隐私。

对产权负责

- 不要窃取他人财产。下载音乐、游戏和电影很容易，但盗版（下载未经购买的媒体内容）就是网络盗窃行为。
- 不要把自己的音乐、电影、游戏和其他软件分享给他人。
- 核实自己所使用的信息是否正确。网络上谁都可以畅所欲言，所以你要使用可靠的网站才能保证搜索到准确的内容。有疑问就询问老师或父母。

- 对他人的网站负责，浏览的时候要行为端正，不要更改或蓄意破坏，发现受损之处要随时反馈。

签署这份合同，表明我同意总是以尊重自己和他人的方式做事，行为端正，符合道德和伦理规范。

我_____同意遵守本协议列出的数字居民原则，愿意接受因违反这些原则所带来的后果。

签名：_____

姓名：_____ 日期：_____

21世纪流畅力项目——数字居民协议（高中）

尊重自己

我会通过自身行为保护自己。我会选择网络名称。我会深思熟虑之后才在网络上发布信息和图片。我不会发布有关我生活、经历、实践或人际关系的信息。我不会发布污言秽语。

保护自己

我会确保自己发布到网络上的信息不给我带来麻烦。我不会发布个人详情、联系人或活动日程安排。我会举报任何针对我的攻击或不良行为。我会保护好自己的账户密码信息和个人资源。

尊重他人

我会对他人表示尊重。我不会利用电子媒介来发送充斥火药味电邮、欺凌或盯梢。我会通过网站的选择来尊重他人。我不会浏览恶俗、色情、种族歧视等不良网站。我不会滥用自己的使用权，也不会侵入他人的私人空间或私人领域。

保护他人

我会通过举报滥用信息，不转发不良内容或信息，不浏览恶俗、色情、种族歧视等不良网站来保护他人。

尊重知识产权

我会主动尊重知识产权，自己不抄袭他人的作品，并对其他一切抄袭行为都表示谴责。

保护知识产权

使用他人制作的软件和媒体时，我会征求其同意。我会使用免费和公开渠道，而不使用盗版软件。我会购买、授权和注册所有软件。我会购买音乐和其他媒体内容，避免因侵犯其授权而扰乱市场。我会诚信做人。

签署这份合同，表明我同意总以尊重自己和他人的方式做事，行为端正，符合道德和伦理规范。

我_____同意遵守本协议列出的数字居民原则，愿意接受因违反这些原则所带来的后果。

签名：_____

姓名：_____ 日期：_____

此外，我们还建议允许学生使用自己的数字设备，即手机、笔记本电脑、平板电脑等。只有在我们允许的条件下，一对一的计算机技术才能步入校门，这样一来就能减少技术设备开支的压力。专注于提供流畅的网络，让学生使用自己最为熟悉的工具，将省下的费用用于教职工发展。《数字居民协议》管理学生设备的使用——玩手机或铅笔都算是开小差。课堂上电话铃声响起会导致所有人开小差，所以是对他人的不尊重，违背了学生义务，必然要承担相应的后果。这些都是特别适合说教的时刻，对于培养个人责任心非常有利。

利他主义的服务精神

作为全球居民，我们都以前所未有的多种方式相互连通。这些联系必然要转变成我们对共享世界的人的福祉的关注。

利他主义蕴含的理想不仅可以应用到我们熟知的人身上，还可以应用到陌生人身上。很多时候，我们会遇到通过捐款或善意之举帮助他人的机会，可没有意识到或没有做出行动。我们必须学会在别人真正需要帮助的时候毫不迟疑地伸出援助之手，奉献自己的爱心。

利他主义的服务精神为学生提供了绝佳的机会，来与现实世界产生实质性和有意义的联系。在学习地震那一单元时，可以通过利他主义的服务精神来自然而然引入相关内容，其中可以包括募捐、参加当地红十字会、献血、为卧病在床的人提供应急包，或者与受灾地区的兄弟学校联手，直接满足其需求。在任何一个精心设计的单元里，生发出联系的机会多得是，而这些也可以当作本单元的拓展或作为单元内容本身。

环境管理

环境管理不仅展示人的常识性价值观，还是对每日萦绕于周围的美和壮观的欣赏。

人类只有一个世界，我们必须保护资源，控制对资源的使用，个人、地方、地区、国家和国际的各个层级都要担起责任，采取行动。提前从全球和环境角度来考虑我们的行为的真实影响，把这一点当作决策过程的一部分是极为重要的。

全球数字居民简要说明

为了帮你评估自己或学生们对全球数字居民的掌握程度，请使用该方法。此法可针对单个学生，也可针对学生小组。下面是10个需要认真思考的句子。读完每一个句子，根据所评估的单个学生或小组对该特性的掌握程度，打出分数，分值是从1（极不符合）到5（非常符合）。如果学生能够自我评价并讨论结果，那就更好了。

逐条评分后，将分数加起来乘以2，得出学生全球数字居民的百分比，填写到每个清单下面的方框内，然后对比每一个流畅力的得分，以决定哪方面需要偏重或改进。

	1	2	3	4	5
我明白在数字和非数字环境中负责任行为的重要性，并将始终以此为标准做事。					
我明白如何始终尊重、保护自己和他人，并以适宜的方式行事。					
我明白如何始终尊重、保护知识产权和自行出版发售的数字媒体（游戏、电影、图片和软件等）。					
我愿意分享自己的知识产权和资源，帮助他人开发其创意潜质。					
我会在必要时指明、感谢参考信息、作者、设计者和合作者，遵守相关产权法律和程序。					
我理解其他文化人群的理想和所存在的问题，不论文化或社会经济差异如何，我都会尊重他人。					
我对自己负责，对全球数字生活和工作环境中相关的行为和不作为负责。					
我对个人行为给个人、环境和全球层次带来的长短期影响深思熟虑，勤于维护以上各项。					
我明白打击种族歧视、恶俗和不良行为及媒体的重要性，通过慈善、同情等行为培养利他主义的服务精神。					
我坚持以全球数字居民、个人责任、利他主义的服务精神和环境管理为基础的个人道德规范。					

全球数字居民 _____%

全球数字居民课时计划评分工具

课时计划评分工具用于评判每一单元中21世纪各流畅力的应用程度。流畅力分值表放在每一个课时单元的第一页，每个流畅力都列有一竖行图标。

下列句子是帮你在课时中定义全球数字居民特性所需考虑的问题，每个句子旁边都标有1~5，与流畅力简要说明中的类似。思考每一个句子，考虑它在该单元中的应用程度，从1（极不符合）到5（非常符合）给每个句子评分。

逐条评分后，将分数加起来乘以2，得出全球数字居民的百分比，以评判课时计划对学生的发展有多大影响。

	1	2	3	4	5
该挑战要求学生以符合伦理和尊重各方的行为使用数字媒体。					
该挑战为学生作为个人和集体成员对自己的决定和行为负责提供机会。					
该挑战鼓励学生展示领导力和个人责任感。					
该挑战宣传利他主义的服务精神对他人的重要性和益处。					
该挑战向学生表明尊重和保护他人的重要性。					
该挑战向学生表明尊重和保护知识产权的重要性。					
该挑战通过鼓励跨文化交际、全球化搜索或环境考量来灌输全球责任感。					
该挑战旨在让学生意识到践行和宣传适宜的数字居民理想的重要性。					
该挑战鼓励学生反思其过去在数字和非数字环境中的行为，对未来的行为进行批判性思考。					
全球数字居民 _____ %					

有文化还不够：21世纪数字信息时代的流畅力

本章要点总结

- 我们的社会地位和劳动力地位都已上升成为全球居民。正因为如此，我们应当明白自己必须能够当面和在虚拟环境中与其他文化背景的人沟通、协作。
- 居民身份不再局限于一个人居住的国家。数字媒体使得国际沟通、协作、对话和辩论成为可能。
- 学习行为已经从教师转移到了学生身上。
- 作为全球数字居民，学生应对自己的学习行为负责。
- 学生全球数字居民的六个原则包括：
  尊重自己
  保护自己
  尊重他人
  保护他人
  尊重知识产权
  保护知识产权

本章思考题

- 做全球数字居民指的是什么？
- 全球数字居民的角色和责任分别是什么？
- 网络和社交媒体的崛起是如何以前所未有的方式将我们互相连通的？
- 全球数字居民的角色和责任会如何在地方、国家和国际层次影响我们的决定？
- 你的《全球数字居民协议》会是怎样的？
- 如何将利他主义的服务精神和环境管理融入课堂，帮助学生成为全球数字居民？

第十章 21世纪的学习环境

一个人在学校里所学的很多东西都会被其遗忘，但那些留下来的，便是教育。

——阿尔伯特·爱因斯坦

维克牢搭扣学习法

你可能听过这么一句古话："不闻不若闻之，闻之不若见之，见之不若行之。"其中的道理可谓深远。事实上，几十年的研究表明，我们现在所进行的教育并不管用，填鸭式不奏效。要学就学有意义的，要教就教实质性的，这才是行之有效的教育。这种方法叫作维克牢搭扣学习法。学习者必须对所学内容有所感应，否则的话，学习就像只有维克牢搭扣的一半：根本就粘不住。接下来谈谈我们知道的那些行之有效的方法以及如何转变教育方式，以创造21世纪的学习环境。

我们确知，要想让学生记忆、内化信息，必须使其从短期记忆（工作记忆）转变到永久记忆。为了达到这一目的，有四件事需要注意：

1. 铭记在心

新信息必须与学习者已知的东西有所联系，且已具有确切意义。如果现成的联系不存在，学习者就要立刻创造一个。只有形成了联系，新内容才不会只在工作记忆中存在数秒。这就是机械学习和有意义学习两者之间的区别。

作家埃里克·詹森（Eric Jensen）说，"凡进入我们脑中的东西，有

98%会被丢掉。"有人刚给你介绍了一个人，你是否转头立马忘了他或她的名字？你给学生做某内容的测试，成绩很好，结果两周后又做同一内容的测试，却发现他们好像以前从没遇到过这个内容。你遇到过这种情况吗？

如果信息对学习者无意义，那么不管它对教师有没有意义，都将被学习者的大脑迅速丢掉。由于教师们常常忘记，我就再重申一遍：如果信息对学习者无意义，也就是说不具实质性，就不存在学习过程。不管信息对于教师而言是否有趣、有意义或具有实质性，它都必须切合学生。

2. 前车之鉴，后事之师

第二点，新知识必须与以往的知识和经历相联系。换句话说，学生进入教室时脑子里已有的东西不仅决定了他们要学什么，还决定了他们是否能学到新东西。

3. 反复操练

在不断重复的长时间条件下，要给学生提供差异化学习机遇。如果学生第一次不理解某东西，你不能走过去，跟他们缓慢而大声地讲解，还期望这种教学方式会带来更好的效果。因为学习并不是一蹴而就的，学生需要更多机会以及能够为学习内容提供时间与背景的多种体验，才能将知识内化。

4. 给予积极反馈——经常性的

要不断地给予学生积极反馈，他们的努力要得到经常性的、有意义的强化。根据顶级游戏开发者的说法，电子游戏的设计理念是要求玩家每隔1~1.5秒就做出一个重要决定，并且每隔7~12秒就对这个决定加以正强化或予以奖励。

相反，最新研究发现，学生在课堂上收到正强化的平均间隔仅为12个小时。有助于成才的优质反馈给学习者更好地获取信息提供了动力。学生要知道自己哪方面做得对，也要获得针对如何改进的积极建议。

研究表明，如果教师们能始终如一地做到这四点，学习效果将是极为可观的。

最近回日本探访家人时，李带着11岁的侄女安娜到她家乡的水族馆去了一趟。那里有一个巨大的浅水箱，孩子们都把手伸进去，上百只淡红色墨头鱼（又称医生鱼）在他们手臂周围游荡。

这些鱼被发现于中东的河底，另外也在土耳其的一些室外温泉中生长繁殖。它们以死皮细胞为食，而且只吃受感染或腐败的区域，留下健康皮肤继续生长，所以常被用于治疗身受多种皮肤疾病折磨的病人，如银屑病患者和湿疹患者等。医生鱼温泉在日本和世界上数十个国家都有，美国也不例外。

安娜对这种鱼非常好奇，水族馆的员工把我上面刚说的那些内容都讲了出来。他们还说，埃及艳后克里奥特帕特拉以前就和医生鱼共浴来给皮肤美容。

对安娜来说，一扇汲取地理、古埃及、古罗马等知识的大门一下子就打开了。为什么？因为这些课题让李感兴趣吗？是因为它们都列入课程指导了吗？不，是因为这样与现实世界的联系给学习带来了实质性。

学习必须具有实质性才叫学习，这不是对于教师而言，而是针对学生的。那么显然，21世纪学习环境的第一要素是实质性。

布卢姆的数字分类法与高阶思维能力

布卢姆的数字分类法由安德鲁·彻奇斯开发，是即将出版的一本书的主题。它是对布卢姆分类学习法修订版的更新，把随着科技发展并变得更加无所不在而出现的新行为和学习机遇包括在内。

布卢姆分类学习法从许多方面确实展现了学习过程，但并没有说学习者要从最底部做起，一直到最顶端。学习过程可以从任何阶段开始，框架式学习将包括以下几个步骤：

记忆——从记忆库中提取、回忆或辨识知识，记忆被用于产生概念、事实或清单，或用于背诵及提取材料。

关键动词：识别、列举、描述、区分、提取、命名、定位、寻找、排序、强调、做书签、社交、做社会书签、做偏好或地方书签、搜索、谷歌查询。

理解——从不同类别的功能中建构意义，无论它是书面形式，还是图表形式。

关键动词：举例、高级搜索、布尔（Boolean）逻辑搜索、博客分录、发推特、分类和标记、评论、注释、订阅。

应用——通过执行或实施来贯彻或运用一种程序；应用联系或引用到一些情景中，其中已习得的材料通过类似模型、展示、采访或模拟等产品得到使用。

关键动词：实施、贯彻、使用、执行、运行、加载、演奏、操作、黑客、上传、分享、编辑。

分析——将材料或概念分割成细小的部分，判断这些小部分相互之间和与整体结构或整体目标之间的联系；心理活动包括区别、组织和分配，另外还要能够区别不同成分。

关键动词：比较、组织、结构、分配、概述、构建、综合、糅合、联系、逆向工程、破解、媒体剪辑和心理测定。

评价——根据标准和规范，通过检验和评判来做出决断。

关键动词：检验、假设、评判、实验、判断、检测、发现、监控、（文字博客或视频博客）评论、述评、发布、审核评分、协作、网络共事、反思、产品（初版和改进版）检测、验证。

创造——聚合所有元素，形成贯通或可用的整体；通过生发、计划或产出来重新组织元素，形成新的模式或结构。

关键动词：设计、构建、计划、发明、改进、制作、编程、拍摄、制成动画、博客、视频博客、混合、混剪、百科、发布、视频广播、播客、指导或产出、创建或编写混搭。

显然，我们想把整个范围都包括进来。如果把这当作我们的目标，那么关注创造就能保证该分类法的各个阶段都得到发展。21世纪学习环境的第二个要素是创造。

戴尔的学习金字塔理论

埃德加·戴尔（Edgar Dale）于20世纪60年代首次提出了学习金字塔理论。多年来，他的研究成果不断得到格莱瑟[①]（Glasser）和马扎诺（Marzano）等人的肯定。各个研究中的实际比例不同，许多人因此对这一理论并不信服。沉下心来思考一下这个学习金字塔，你会发现实际比例并不重要，重要的是它们近似地呈现了一个更具价值的真理。

---

① 威廉·格拉瑟（William Glasser，1925—），美国心理治疗学家，现实疗法创始人。

埃德加·戴尔的学习金字塔理论

阅读	阅读	语言输入	消极
聆听	聆听话语		
观看	观看图片	视觉输入	
听与看	看电影 参观展览 观看演示 现场观看 制作过程		
说	参与讨论 提出意见	输入和参与	积极
说与做（维克牢搭扣学习法）	模拟真实经历 实践 教授他人	做	

来源：格莱瑟，1996年

根据这项调查，学习者初次学习两周后，他们从读或听中获取的信息只会留下20%。这种消极的学习方式叫作语言输入。

到了视觉输入时，所保留信息的百分比一下子跃到了将近50%。视觉输入结合了两种感官，包括看电影或观看展示等活动。视觉和听觉都有涉及，这样的结合提高了信息的驻留度。然而，视觉输入依然是一个消极的学习过程。

进行至积极输入时，我们看到信息的驻留度得到大大提高。例如，参与讨论就涉及对信息进行思考、形成观点或问题。对比和评估都是参与讨论所必需的，高阶思维能力也因此有所应用。

效果最好的要数模拟真实经历。实际上，实践或教授他人会提高信息的驻留度达90%。通过这种方式所习得的信息将会铭刻于脑中。简而言之，正如之前所说，要想学习者主动学习，文本中就一定要存在实质性。

话说回来，别太在乎实际数据。所有的研究都表明，通过阅读，我们所能记忆的东西很少；而通过实践，我们所能记忆的东西却很多。有些人说，基于过程和问题的学习方法费时过长，但这种说法实在站不住脚。根据这个研究，哪一种方式更有效率？阅读、听讲还是模拟现实？

当学生有机会去实践、参与和创造的时候，他们的积极性会更高涨。参与意味着融入或加入学习过程，而学生们所需的正是积极参与，而非作为教育的消极接受者。

凡是急需改变的每一间教室和每一个街区，教师和学生就必须做出转变。向基于过程和问题的方法转变起初会让人不适应，并且这个转变需要一定时间，但对于教师和学生来说，收获远远大于困难。

这么想一想：学生主动参与的时候，纪律问题就变少了；学生有机会通过创造现实产品来展示其对内容的理解，教师又恰当地提出问题，然后任由学生自主学习，那么学生的能力肯定会令教师大吃一惊。教师们也都迫不及待地想进校门，因为他们也等不及要从学生身上学习了。

21世纪的学习环境的第三个要素是现实世界。

在21世纪的学习环境中，学生利用高阶思维能力来创造出现实产品，以作为现实中实际问题的解决方案。

实质性
＋ 创造
＋ 现实世界

21世纪的学习方法

你喜欢一直不停地被人说教吗？你当学生那会儿，是否乐意听老师一直唠叨？

现在再说明一点：说教——全面的填鸭式教育的时间和地点是会有的。遇到需要迅速传达大量内容的时候，这种方式很有用，可我们不能一直用。

我们要把教育的重点从传统且居于主要地位的填鸭式教育模式转向探

索学习方式。这种方法有利于激发兴趣，从而生发出对学习过程至关重要的实质性。

想象一部恐怖的动作电影。看着演员们命悬一线，听着音乐营造一种悬疑气氛，令你一边坐卧不安，一边心想着情节会如何发展。这段经历铭刻于你的脑海，永远无法磨灭。但如果在电影开始之前，有人给你剧透，还说所有演员毫发无伤，都活到了最后呢？或者邻座的人整场电影都跟你说话，告诉你下边的情节呢？由于这种行为毁掉了所有的惊奇和惊喜，肯定就剥夺了你自己去寻根究底的体验。当我们几乎每时每刻都叮嘱学生需要知道什么时，也会造成这样的问题：剥夺了学生学习过程中探索的乐趣。

当学生自主吸收内容时，学习就变成了他们的学习过程，而不是我们的教育过程，且正因为此，学习才是属于他们的。他们将能够记忆、应用这些材料，并将其用作新学习过程和新创造的基础。

一旦我们说到这些，就会有人给出"可以，但是……"的回答。"可以，但是我们没时间啊。"一定要记住我们在提及戴尔的金字塔学习理论时所说的话，还有在21世纪的学习环境中投入相同的时间又能多记忆多少东西。"可以，但是如果不关注内容的话，他们能通过考试吗？"幸好你如此问了。

贝塔斯曼研究

1998年，密歇根州贝塔斯曼基金会做了一项研究，其中明确显示了培养高阶思维能力、制订可衡量的学习过程和提高驻留度的有效性。在该研究中，100名社会研究学学生分成两组，分别用不同方式教授同样的内容。其中一组所采用的正是我们所熟知的传统方式：学生们坐成一排排，对他们进行填鸭式说教。活页练习题如大雨一般倾泻而下，训练、训练、训练如疾风骤雨毫不停歇，传统测试和小考如蜜蜂一样，驱之不散。

第二组主要以基于过程和问题的方式学习。该组学生通过个人独立和团队协作两种方式进行任务。他们从自我评价、同伴评价和教师评价中获益良多。他们关注创造现实产品,解决现实问题。

学年结束时,两组学生都用州里为社会研究学制订的同一个传统考试进行测试。分数令人震惊,很可能出乎你的意料:虽然学习方法不同,两组的分数却几乎一样。

至此你可能有些丈二和尚摸不着头脑了,或许你会觉得这意味着投资科技、新教学方法和评估方法完全没有任何意义。显然,姜还是老的辣。

那你就大错特错了。一年后,对成绩差不多一样的两组学生突然再进行同一场测试,令他们措手不及。分数再次令人震惊。

采用传统方法教育的一组仅能回忆起15%的内容。更糟糕的是,对考试结果和学生的思维进行的分析表明,他们将社会研究看作一系列分条开列的事实——某一件事发生在某一天,另一件事发生在另一天,某个事件对另一事件不构成任何影响。这就是典型的低阶思维。

采用基于过程和问题教学法的一组能够回忆起超过70%的内容。更重要的是,他们深刻地理解了学习过程的综合性。换句话说,他们不仅记忆了内容,还理解了这些内容的意义。他们能够在事件中构建出抽象联系。高效学习者在现有知识和新知识之间牵线搭桥或构建联系,这就是维克牢搭扣学习法!这就是高阶思维。我们为学生制定了诸多目标,还需要转变教育方式,给他们提供培养确切需要的技能的机遇。他们之所以不能全面发展,不仅是受限于自身的能力,还因为我们在做出转变的过程中缺乏灵活性。

停下嘴……动起手!

这项研究成果虽早已发布多年,许多教育者却依然完全采用"站着讲,坐着听"的填鸭式说教的方式。如果真的扪心自问,其实我们打心眼里明白,这种方式是行不通的。

教师们心怀善意,对学生尽职尽责,只要是对学生好的,都一定会去做,可他们目前的所作所为根本不起作用。他们心知肚明,却一如既往。原因何在?如今教育者所面临的压力是前所未有的。学生失败,千夫所指的却是教师。很多时候,教师的薪水和就业状况都跟学生的表现挂钩。

教育部门要求教授更多东西,可学生的学习生涯中时间根本不够。与此同时,教育财政支出中几百万美元的金额被另作他用。教师们诚惶诚恐地去实现强制目标,尽可能地往学生的头脑中塞入更多信息。许多学生都把教育看作16年缓慢而又痛苦的记忆事实的过程,而这些事实在两秒钟内就能从网络上搜索到。结果呢,他们胸无一物,只带着满脑子的数字离开校门——有时候这类学生比例甚至能达到50%。正如之前所讨论的那样,这种情况不止出现在高中,还出现在大学里。

将教育方式从说教向基于过程和问题的学习方式转变的时候到了。在21世纪的课堂中,我们必须将学习过程的责任从教师(传统的责任人)转移到学生(本就应该承担责任的人)身上。学生必须积极参与其教育,教师要成为学习的推进者,给学生提出具有实质性的现实问题,在创造现实世界解决方案的过程中给予引导。如何才能最有效地传达其理解,这要交由学生自己来决定。学习过程是没有彩排的,也不能限制学生——他们有机会去探索、沟通和创造。这个转变并不容易,但有苦必有甜——对于教师和学生二者而言都是如此。

情境设置

21世纪的教学环境以现实世界问题为中心，教师就必须成为这些问题的设置者。为学习者提供现实世界实质性的良好情境，培养21世纪流畅力，实现教育目标，这些似乎要求得有些过高了。

凡技能都需要时间去培养，这里也不例外。另外，还要敢于去犯错误——问询的意义也正在于此——为下次做得更好寻找方法。

在下一章里，我们将带着你学习情境设置过程，还提供了为21世纪流畅力工具包打造的课时计划样本和模板。下一章才是本书的重中之重，就让我们一起着手，享受将你的教室转变成21世纪的学习环境的乐趣吧。

本章要点总结

- 我们确知，要想让学生记忆、内化信息，必须让他们从短期记忆（工作记忆）转变到永久记忆。
- 21世纪学习环境的第一个要素是实质性——这里的实质性针对的是教师，而不是学生；21世纪学习环境的第二个要素是创造，这将确保高阶思维能力的培养；21世纪学习环境的第三个要素是现实世界。在21世纪的学习环境中，学生利用高阶思维能力来创造出现实产品，以作为现实实际问题的解决方案。
- 学习过程的责任必须从教师转移到学生身上。
- 高效学习者会将现有知识与新信息联系起来，这就叫作"维克牢搭扣学习法"。

本章思考题

- 思考安德鲁·彻奇斯修订的布卢姆数字分类法。这对于当今的学习者有何现实意义?
- 如何将基于过程和问题的学习过程融入你的课堂?
- 为什么我们现在的教育方式并不奏效,这种方式必须改变的主要原因有哪些?
- 在21世纪的学习环境中,教师的角色发生了哪些变化?

第十一章 21世纪流畅力课程

孩子们要接受教育，但也应当有自我教育的空间。
——欧内斯特·蒂姆纳特（Ernest Dimnet）
《思维的艺术》（*The Art of Thinking*）

在21世纪的课堂上，教育模式要有所转变。教师不再是教室的中心，而是由学生们分组协作，针对现实问题给出符合现实的解决方案。这些问题要能够体现课程目标。如今，教师扮演的新角色是学习的推进者，设置一些能够体现现实世界，并且同时切合学生自身、符合课程目标的问题。

情景设置的可能性是无限的。首先，这看似一件烦琐的任务，但一定要记住，多次重复这个过程之后，情景设置将变得越来越容易，你将开始看到所需教授的内容与日常生活体验之间的联系。一位教师跟我们说了这样一件事：

> 我在咖啡店排着队，无聊地四处观望，等着轮到我，然后看到服务员从咖啡机旁边的一大摞纸杯上拿下一个。那一瞬间，关于可持续发展的整个单元计划骤然蹦入我脑海。我开始疯了一般地在手机上狂敲字，试图俘获那些飘散的细节。
>
> 突然，我到了前台边，后面站着一大队人。我让给我点单的那人稍等片刻，等我梳理好思绪，然后让身后的人先买。我意识到这样做很荒唐可笑，就跟我平常白眼相待的学生一样。我这是怎么了？我竟然也成了拇指一族！

先从课程入手

我们的整套教育体系都建立在各种各样的标准之上,既定的课程是无法偏离的。各州、各国的标准不尽相同,但就算你的社区自己制定了标准或者其标准与共同课程标准相符,这些都没有影响,你仍然负有执行这个标准的义务,所以课程是最佳的入手点。

选择一个课程目标,从这个目标入手,确定学生所需掌握的具体技能或内容。从一开始就要铭记,如果要培养独立自主的终身学习者,我们的目的就必须是将学习的责任重担从教师(传统上的责任人)转移到学习者(本就应该承担责任的人)身上,这是至关重要的。

学习课程是学生的本职工作,教师的职责是在这个过程中加以引导,为他们提供支持,同时构建一个能促进他们成长的结构。

什么具有实质性
——符合情境,或能应用到学生的生活中?

> 学习要能够长久,就必须具有实质性——不是对教师具有实质性,而是对学生。

设置情境的最佳着手点就是扪心自问:学生出了校门后,可能会在哪些情况下需要这些信息或这种技能。如果是他们在个人世界会遇到的东西,那么一下子就存在了一种为学习者提供实质性和情境的联系。

如果一下子想不出来,那就先想想,学生遇到什么样的任务,才会应用这些技能或使用这些知识,思考一下如何把使用这个内容变得能够吸引学生的注意力。

到此为止,许多人已经开始了职业性思维,想到了一些会涉及这种特定技能或知识的职业。这种方式确有其用,但往往会很快遭到学生的遗弃。

一方面，我们不想让教师们低估一些情境，在这些情境里，人们预料职业生涯中可能遇到这种挑战；另一方面，我们还应该指出含有无法预测情形的职业和技能。

例如，如果营养学家需要用到有关饮食方面的具体专业信息，而学生无意于做营养学家，他就会迅速与这种信息切断联系。换句话说，对于学习者而言，个人实质性就不存在了。在设置保证学习过程发生的情境时，一定要优先考虑实质性。

举职业方面的例子时，你要保证它对学生具有实质性。例如，假设一位营养学家是你们学校足球队的健康顾问，帮助球队成员保持良好的饮食习惯，以赢得州级冠军。如果你们学校重视足球，这就是学生能够切身感受的事情。更乐观地讲，这可能就是一个现实的案例，足球队也涉及其中。或许这个问题可以具体到某些球员身上，比如四分卫可以就每天吃什么写一个食物日志，学生能够以私人营养师的身份提供建议。在这个案例中，四分卫可能会采纳建议，长了4磅瘦肉，体脂肪率下降了3%。或许正因如此，你们学校才赢得了州级冠军。所有学生都会认为，你在这次胜利中起到了一定作用——你那关于营养策略的绝妙单元计划帮助他们获得了州级冠军。游行庆祝是免不了的，学生们会把你扛在肩上，大声呼喊你的名字。学校甚至会为你竖起一座雕像，新的足球馆也可能以你命名。

好了，可能我们神游得有些远了，但你看出我们所说的联系了吗？如果学生能有切身感受，如果他们能为之感到兴奋，如果他们能有所联系，就肯定能从中学到些东西，而这在现实世界情境中是最容易做到的。

这一点再怎么强调都不为过，咱们再来重复一遍：学习要能够长久，就必须具有实质性——不是对教师具有实质性，而是对学生。

从报纸标题中取材

一旦习惯了拟写普通情境，你会发现自己常常匆忙地设置情境——就像那位跟我们说起咖啡馆经历的女教师一样。你会发现各种可能性俯拾皆是，因为它们确实无处不在！

好的情境会构成优秀的单元，其意义就在于对学生具有实质性——在现实世界中有迹可循。还有哪里能比现实世界更容易找到符合现实的情境呢？扪心自问，世界上都在发生些什么，这些事将如何影响我们所有人？如何将当天头版头条的新闻带入课堂中？

你会发现，原来报纸和杂志文章可以作为好多情境的基础内容，每一个科目——数学、社会研究、语言艺术、经济学、地理和科学——的课程目标全都能从这里找到！更令人惊喜的是，如果这些东西出现在新闻里，你的学生立刻就能有切身感受。从新闻标题报道中的地方、全国和全球事件中找到联系，你的优秀情境设置就有了构成元素。

如何设置任务，才能使其需要用到高阶思维？

之前，我们讨论了布卢姆的数字分类法（参照第十章），指出低阶思维技能只浅层次地涉及记忆或理解，而随着应用、分析、评估和最后的创造，我们就培养出了高阶思维技能。如果要求学生对比两种或更多事物；如果要求他们形成言论，或者做出抉择，通过研究来解释细节；如果要求他们以不同的方式应用已掌握的知识、事实、技术和规则；如果要求他们创造新事物；或者要求他们做出有见地的决定，那么就涉及了高阶思维。

当然，这样目标就达到了。我们想确保学生毕业的时候，能够在日常生活中下意识地、经常性地应用布卢姆教育分类法中的高阶思维技能。要想达到这一目的，我们必须不断为学生提供机遇，让他们来练习这些技能。所以说，我们的责任是保证每一个教育情境都要涉及高阶思维的原因就在于此。

数字工具如何用于创造能够展示学习过程的现实成果？

无论在什么地点，你所设置的情境应当为学生创造现实成果——最好是能用到数字工具——提供机遇。记住问题解决六步法：界定、寻根溯源、展望未来、谋篇布局、做给人看和执行报告。成果展示必须不仅涉及成果，还要涉及展示。展示是让学生做出完整报告的重要步骤——通过将成果应用到现实中去解决最初问题，来评估成果和产出过程。

整合

现在，设置情境所需的一切都尽在掌握。本例选自一个名为"总统是这样产生的"的六年级语言艺术课程计划。在这一课程里，学生分组推选出各自的班级总统候选人，并为候选人设计具有创造性的整套竞选计划。

不过，首先要看一下这个情境所要用到的共同课程标准：

- 为候选人的主张写出论点，条理清晰，提供实质性论据。
- 在同伴和成年人的指导下，通过规划、修改、编辑、重写或尝试新方法来设计和强化写作。
- 开展短期调研项目以回答问题，利用多种资源，条件适宜时重新调整调查。
- 围绕六年级的话题、文本和问题，积极参与和不同伙伴进行的多种协作式讨论（一对一讨论、小组讨论和教师引导的讨论），从其他人的想法中获取灵感，清楚地表达自己的想法。
- 认真、详细地对待和回应具体问题，所作出的评论要有助于正在讨论的话题、文本或问题。
- 在展示中使用多媒体元素（如图表、图片、音乐和声音等）和视觉效果，以使信息清楚易懂。

设计扣人心弦的介绍语

用三两句短小精悍的介绍来激发兴趣是极好的。如下例：

> 在竞选过程中，我们的政治领袖用到了不同的工具和策略。从一系列设计精良的图表来宣传其理想、价值观和个性，到朗朗上口和令人信服的竞选口号，再到至关重要的政治演讲，候选人必须尽全力去推销自己及其理念。

这段话共有两重目的。其一，它介绍了本情境的关注点。凡是读到这段话的人，立刻就能明白这个情境和什么有关。其二，它介绍了现实世界的情趣和概念，给人留下这堂课将可能与现实相关这一印象。在你的情境设置中加入这两项概念，如果可能的话，还要在介绍中声明出来。

引入具有实质性的挑战

接下来，你可以说明挑战是什么，学生该如何参与。至此，学生们应该已经对这个挑战产生了兴趣。思考一下，什么样的话题、问题或议题会吸引他们参与到一项活动中，并从中感受到挑战性和乐趣。情境设置按以下继续：

> 各组为虚拟的班级总统想出一个竞选候选人，给候选人拟定名字、独特的性格和选举的任务说明。你所在小组要先为你们所推选的候选人设计一个原始图像，具体不限，可以是人，也可以是动物等。创造出竞选候选人后，再为他拟写演讲，由你本人口头读出。

> 接下来，给你的候选人设计一个独一无二、别出心裁的竞选海报。海报要原创，引人注目，利用图像或某种符号，体现出候选人的个性和信念。另外，确保海报上写有独属于你候选人的"竞选口号"或宣言。

看出我们的意图了吧？你设置的挑战可能各不相同，但其中的理念应当能够应用到现实中，同时又能激发学生的兴趣。

给出少量细节，激发兴趣

记住，不要暴露太多细节。省略一些东西，留给学生去发现"有意隐瞒的信息"。但是，你确实想给出的细节应该以寥寥数语概括整个项目。给出一些细节，让学生明白这个项目会需要分阶段进行，但又不挑明具体有哪些阶段。我们只列出具体要求，尽量给学生留出创造解决方案的空间。

再次声明，介绍语是对完成项目所需构成要素进行言简意赅但又全面的解释。换句话说，这些语句所代表的不仅是学生应当给出的成果，也是教师应该在最终成果中寻找的东西。

> 进行调研，通过询问人们"领导者和政治家会为他们所代表的选民做何种工作"来深入探索。从其他领导人身上寻找灵感和想法。通过调研（必须调动人脉，如父母、朋友、社区领导人等）获得新想法和新知识后，修改、编辑你的演讲内容。你的演讲一定要是引人入胜的政治演讲。

在界定阶段做概括

设计整个课时计划时，你所写下的概括是，简短地描述你要求学生做什么，它应当是一个言简意赅的概括，为整个项目提供框架。写概括的时候扪心自问，这个问题是否将对你大有裨益："在这个情境中，需要学生做什么？"通读整个情境的全过程，做做指导说明的笔记，然后用四五句话总结出来。

你一定要从情境中提炼出一个针对问题的书面概括。这是必要的一步，因为如果连你都做不到的话，你的学生也不可能做得到。把这当作一次执行报告的机会，问问自己，如何才能将这个情境写得更清晰易懂、简明扼要，同时又不用写出成果为何？

接下来就轮到了课时计划，在学习过程的界定阶段，学生将需要针对问题写出书面概括。你的总结要用来对比，以生成形成性评价，这将在给出评语时帮上大忙。以下是"总统是这样产生的"这一情境的书面概括：

> 学生明白本课的挑战，并给出包括本课任务在内的书面概括。每组将创造一个虚拟的班级总统候选人，为他拟定竞选口号、竞选演讲和海报。他们还将以候选人代表的身份就某一选定议题参加班级辩

论。他们将给出具有说服力的论点和对有关议题的一致看法（他们将为之采取何种行动，解释为什么这是最好的行动方针）。

针对该例，我们接下来将完整呈现"总统是这样产生的"的整个情境和书面概括。关于如何在设置情境时遣词造句和组织结构，你可以把这个例子当作参考标准。在拟写过程中，你自己的风格将很快呈现出来。

情境："总统是这样产生的"

在竞选过程中，我们的政治领袖用到了不同的工具和策略。从一系列设计精良的图表来宣传其理想、价值观和个性，到朗朗上口和令人信服的竞选口号，再到至关重要的政治演讲，候选人必须尽全力去推销自己及其理念。

各组为虚拟的班级总统想出一个竞选候选人，给候选人拟定名字、独特的性格和选举的任务说明。你所在小组要先为你们所推选的候选人设计一个原始图像，具体不限，可以是人，也可以是动物等。创造出竞选候选人后，再为他拟写演讲，由你本人口头读出。

接下来，给你的候选人设计一款独一无二、别出心裁的竞选海报。海报要原创，引人注目，利用图像或某种符号，体现出候选人的个性和信念。另外，确保海报上写有独属于你候选人的"竞选口号"或宣言。

最后，弄清楚你们所推选的候选人对于某一重大议题的立场以及当选后会如何处理。教师作为斡旋者，根据从新闻或社区中选择的某个议题组织班级辩论，主持候选人正面对决、展示观点和论据。辩论结尾时，所有小组将就候选人在竞选中和议题辩论中的表现交流看法，另外要分析某位候选人的哪些优势值得为之投票。

情境设置所面临的严峻挑战

设计好课时计划之后，把它放到一边，做一个执行报告，看看它是否适用。客观地阅读你所设置的情境，提出以下问题。如果任何一个问题的答案是否定的，那就要从头开始，核查所有步骤，直到这个情境能通过挑战。

- 是否设置了问题或挑战？
- 对于学习者而言，这个情境是否具有实质性？
- 是否用到了高阶思维？
- 是否达到了多个课程目标？
- 是否培养了21世纪流畅力？
- 在创造现实世界成果时，是否用到了数字工具？
- 是否存在需要探索的事物？

21世纪流畅力

根据以下图表，思考你所设置的情境。如果情境设置合理，随着学习过程的发生，各流畅力会自然而然地培养出来。你可以用下面的图表轻而易举地对此进行评估。纵轴是布卢姆数字分类法，它始于底部的"记忆"等低阶思维技能，逐渐推进到顶部的"创造"等高阶思维技能。

横轴是达格特的应用模型。从横轴着手，问问你自己，你所设置的情境中有哪些地方符合该模型。这个情境是只能应用于一个单元，还是能够应用于所有现实的、无法预测的情形？

做出判断之后，再问问你自己，学习者会仅通过记忆或理解（低阶思维技能）来混过这一课，还是充满创造力地应对挑战。

如果你所设置的情境落在这个图表的右上角，那么它就能十分有效地培养至关重要的21世纪流畅力。如果落在图表的左下方，你就要重温情境设置过程，考虑一下如何引入高阶思维技能。

为21世纪流畅力设置情境

		应用于一个单元	应用于一个科目	应用于多个科目	应用于现实世界、可预测的情形	应用于现实世界、不可预测的情形
布卢姆的数字分类法	创造					
	评估					
	分析					
	应用					
	理解					
	记忆					

改编自达格特的应用模型（1998年）

六年级　语言艺术：总统是这样产生的

总统是这样产生的 ——21世纪流畅力项目		语言艺术	六年级
		10～12个周期	

重点	概述
说服性演讲、政治和媒体	学生分成数个小组，各组推选出一位虚拟班级总统候选人。各组要设计出原创竞选海报和口号、扣人心弦的政治演讲，针对时下新闻中或影响当地社区的某一个话题，在中立性班级辩论中对决。
重要问题	
有哪些重要因素会为总统候选人赢得选举提供保障？	

教学目标	
◎ 为候选人的主张写出论点，条理清晰，提供实质性论据。	问题解决流畅力
◎ 在同伴和成年人的指导下，通过规划、修改、编辑、重写或尝试新方法来设计和强化写作。	
◎ 开展短期调研项目以回答问题，利用多种资源，条件适宜时重新调整调查。	信息流畅力
◎ 围绕六年级的话题、文本和问题，积极参与和不同伙伴进行的多种协作式讨论（一对一讨论、小组讨论和教师引导的讨论），从其他人的想法中获取灵感，清楚地表达自己的想法。	创意流畅力
◎ 认真、详细地对待和回应具体问题，所作出的评论要有助于正在讨论的话题、文本或问题。	
◎ 在展示中使用多媒体元素（如图表、图片、音乐和声音等）和视觉效果，以使信息清楚易懂。	媒体流畅力

核心概念框架		
◎■政治演讲结构	◎◆图表设计或布局	协作流畅力
◎■总统意见	◎■竞选策略	
◎说服性写作	◎■辩论技巧或结构	
◎说服性演讲		
		全球数字居民
◎语言艺术　◆数学　△科学　■社会研究		

构成要素

21世纪流畅力套件模板内容十分翔实，但也是一幅十分直白的课程地图。它分为几个缺一不可的部分，第一部分是首页。首页涵盖了课时计划中所有的主要技术信息和课程信息，一目了然。以下是完整分解了的首页示例：

课程信息：包括标题、级别、主要的核心科目图标和预计持续时间。

重点：这里列出的是驱动知识探索之旅的主要思想——通常用一两个词来概括。

概述：简要描述该课时计划的预期项目和结果。

重要问题：这是从重点生发出来的主要问题，是课程内容的关注点。

核心科目说明：每一个核心科目都由其独特的图标来表示。这些图标会出现在顶部的科目气球内，紧挨各个标准，构成核心概念框架。

核心概念框架：这里指的是贯穿于课程内容与活动中的学习理念。它们来自多个科目级别，有助于构建跨学科框架。

教学目标：这是本课内容所要达到的核心标准。这种学习过程的好处之一，在于关注点几乎是无法控制的。从本质上来说，学生充满激情地实现多个教学目标——既包括主要科目领域，也包括其他科目领域。

至此，回顾你所设置的情境，与规定的教学目标相对比。列出在某种程度上符合目标的部分，你会发现很多部分都与之相符合。如果想要从课时设计中得益最多，在单元所需时间允许的条件下，你所设置的情境应该尽可能多地实现教学目标。思考一下其他的教学目标以及你所设置的情境该如何改良，才能同时实现这些目标。

这个时候特别适合与其他院系的成员协作，共同设计单元计划。跟你的同事聊聊，跟他们讨论一下你的想法，向他们请教如何调整单元计划，以便实现跨科目标，还有他们如何调整计划，以便解决你的一些问题。

流畅力框架：流畅力通过本课的内容得到应用，并以从1~10的简单评级来展示。在每一个对应章节里，我们都提供了一些用于计算每种流畅力分值的问题。

正如你所看到的那样，首页所包含的信息，正是你判断自己的课时计划是否符合具体的教育需求所需要的。教学目标让你了解课程内容所提供的标准信息范围。同样特别有用的是核心科目说明，它让你看到，在这一个课时计划中，要教授不同核心科目的多少个概念。当然，查阅流畅力框架让你明白每个至关重要的21世纪流畅力技能掌握程度如何。

总统是这样产生的

情境设置
学生为班级总统拟定人选，设计竞选海报、竞选口号、竞选演讲，参与就某一预设话题而进行的班级辩论。 **高端科技**：学生利用数字技术来展示他们的项目构成要素，利用插图和视频编辑软件来摄制竞选"广告"。 **低端科技**：学生使用录制设备来记录候选人的演讲，以备广播使用。 **无技术**：学生利用不同的美术素材来包装候选人及竞选海报。

情境
我们的政治候选人在竞选过程中采用了各种各样的策略。从一系列设计精良的图表来宣传其理想、价值观和个性，到朗朗上口和令人信服的竞选口号，再到至关重要的政治演讲，候选人必须尽全力去推销自己及其理念。看一下近期政治领导的竞选活动，了解其组织结构。你可以引入甄选好的竞选演讲视频或录像，供班级考虑，让他们就所观察到的组织结构和内容方面做好笔记。 班里的每个小组都要为虚拟的班级总统拟定一个竞选候选人，给候选人拟定名字、独特的性格和选举的任务说明。你所在小组要先为你们所推选的候选人设计一个原始图像，具体不限，可以是人，也可以是动物等。创造出竞选候选人后，再为他拟写演讲稿，由你本人口头读出。进行调研，通过询问人们"领导者和政治家会为他们所代表的选民做何种工作"来深入探索。从其他领导人身上寻找灵感和想法。通过调研（必须调动人脉，如父母、朋友、社区领导人等）获得新想法和新知识后，修改、编辑你的演讲内容。你的演讲一定要是引人入胜的政治演讲。接下来，给你的候选人设计一款独一无二、别出心裁的竞选海报。海报要原创，引人注目，利用图像或某种符号，体现出候选人的个性和信念。另外，确保海报上写有独属于你候选人的"竞选口号"或宣言。这个口号或宣言应该是短小精悍的

续表

| 一句话，能够概括候选人的理念和价值观，还有当选后对选民的承诺。 |
| 最后，弄清楚你们所推选的候选人对于某一重大议题的立场以及当选后会如何处理。教师作为斡旋者，根据从新闻或社区中选择的某个议题组织班级辩论，主持候选人正面对决、展示观点和论据。辩论结尾时，所有小组将就候选人在竞选中和议题辩论中的表现交流看法，另外要分析某位候选人的哪些优势值得为之投票。 |
| **有意隐瞒的信息** |
| 学生要调查政治竞选活动的各种构成要素；要弄明白政治演讲是如何组织的，怎么写才能更有效果；要弄清楚政治辩论是如何操作和解决分歧的。 |

情境设置

在这一部分里，我们将介绍课时计划在技术层面的应用及其在使用数字工具层次不同的学习环境中如何应用。我们还将展示本课的情境——课程所集中体现的主线，这个主线揭示了学生参与课程项目时应遵循的具体挑战和准则。

除此之外，我们还涵盖了"有意隐藏的信息"和为了改变或拓展课时计划的挑战点而需要提出的问题，让你自由地去为了学习者而使课时计划的结果和目的变得多样化。

技术层面的应用：在这一部分，我们就每单元在高端科技、低端科技和无科技环境中如何实施提供选择余地。你的决定主要基于教学环境中已有的科技。你会发现，你的学生会就如何完成项目提出许多不同的建议。敞开心扉去接受他们的想法；提建议表明他们已经参与其中了。

情境：这里指的是课时计划描述。这部分描述了场景，提出了挑战，给出问题解决方案的要求也得以详细阐明。列出一串想法，描述课程结束后学生应该获得的一切东西，如此一来，情境也就设置完毕。

有意隐瞒的信息：在每一课里，总有些东西要留给学生在学习过程中自己发掘。这些概念——本部分会详细说明——是必须由学生去发现的，并且要通过调研和寻找能够融入挑战解决方案的信息，从而用于他们的项目。这一部分的目的就是提醒我们，哪些信息不要告诉学生。

在基于问题和过程的课堂里，如果学生提问，教师一般应该如此回答："嘿，这个问题提得好！你觉得答案是什么呢？你觉得可以从哪里找到答案呢？其他人知道答案吗？或许你们可以一起找出答案呢。"

显然，这样做是过度简单化了。学生的有些问题，我们还是必须回答的。大部分时候，我们要记住，这是他们的学习过程，学习是他们的责任。从教师这里得到答案最容易，但学生毕业后，教师就无法再给他们提供帮助。到那时候，他们又如何去寻找答案呢？在将课堂转换成基于问题和过程的学习时，一定要保有这种心态。我们的工作不是让学生知道教师有多厉害，而是要让他们明白自己在解决问题方面多有天赋。学生从学校毕业之后，就不应当再对我们有依赖。他们要成为独立自主、灵活多变的思维者，要能够自己解决现实问题。

如果要断绝学生对教师的依赖文化，我们必须为他们提供不完整的信息。思考一下要对学生隐藏哪些内容，然后让他们自己去发现。假如某一单元的隐藏目标之一是弄明白地震的来源，那么这种信息就不应该提供给他们。

接下来，我们来看看把教学内容融入课堂要涉及哪些步骤。

总统是这样产生的

学习过程
探讨学习者假设   1~2个周期
学生会得知重点，需要考虑重要问题。引导他们参与讨论，讨论内容是他们对如何组织成功的政治竞选这一问题的观点或可能存在的观念。
界定
在本课中，学生小组将创造一个虚拟的班级总统候选人，并为他拟定竞选口号、竞选演讲和海报。他们还将以候选人代表的身份就某一选定议题参加班级辩论。他们将给出具有说服力的论点和对有关议题的一致看法（他们将为之采取何种行动，解释为什么这是最好的行动方针）。对于这一方面，还要鼓励他们挑战其他候选人的观点。
进行下一步骤的条件
学生完全理解为班级总统创造候选人、整合成功竞选的构成要素这一任务，

续表

并成功地拟写了书面概况，其中包括：创造一个人物，让他参与虚拟的班级总统竞选，为其拟定名字、性格，确定竞选和图标任务。调研领导人会做些什么工作来体现选民的意愿，并且采取何种方式来做。在调研中动用人脉资源。设计引人入胜的政治演讲。设计竞选海报，要能够反映候选人的理念和个性。这款海报必须含有竞选口号、图片或图表。代表候选人的观点参与辩论。
寻根溯源
在这一阶段，学生得以探索优秀的政治竞选的构成要素。各组可以调查最近的选举活动，探索参选人所设计的竞选活动。他们应当考察其中所涉及的步骤，每个人在竞选过程中负责何种工作。他们应当考察成功的竞选演讲、竞选口号、标语和海报设计等的要素结构，还有使这些东西独一无二的因素。他们应当了解，这些东西之间是如何相互联系，如何结合、体现他们所创造的候选人的价值观和具体个性的。
进行下一步骤的条件 学生完成了对政治竞选构成要素、提高效率的技巧等的考察、调查和采访工作，在项目运行过程中记录自己的发现，以备参考。

学习过程

21世纪教学的关注点是解决问题，我们就把问题解决流畅力作为学习进程，这能让学生把该结构化的问题解决过程融入自身。咱们就按照课时计划模板那几页的顺序，挨个仔细探讨一下所有步骤吧。

探索学习者假设

在这一阶段，我们给学生提出重点和重要问题，并与学生进行讨论。我们期望他们说出对于这些问题已知的内容和存在的假设，目的在于通过发表言论和提出猜想，引导他们不仅仅要讨论对相关科目已知或熟悉的东西，而是要对重要问题环节中所提出的议题畅所欲言，分享看法。你还可以就如何推进和拓展这次讨论列出一堆问题或想法。推进好了，学生对相关话题的兴趣就提高了，他们便会个个参与其中——他们的思维和言论遇到挑战，对于这个科目也有了一定的兴趣。

界定

参与度高了之后,时机合适的话,就要给出情境,给团队分配任务。至此,学生已经知道了本课的准则。体验过学习过程后,他们将会知道必须小心应对情境,因为里面包含了任务。接下来,个人或团队要界定问题,写出明晰而准确的书面概括。

进行下一步骤的条件:每个学习过程都成为一个自然而然的节点,即给出形成性反馈的节点。将学习过程分解成可控部分,其实也就是问题解决的各阶段,这样一来,你就能在整个过程中引导学生,帮助他们朝着预期结果前进。

在这第一个检测点,学生说明他们对必将面临的问题或挑战的理解,另外还有对项目要求的理解。在情境设置部分,作为评估情境过程的一部分,要写出一份书面概括。这个概括应该用在此处,以描述学生必须完成哪些内容,才能往前推进。在界定阶段的进行下一步骤的条件那里,学生必须能够针对所面临的问题和所需要进行的任务写出书面概括。将学生写出的概括与项目的要素相对比,引导他们在必要时进行修改。

寻根溯源

寻根溯源是调查阶段,即回望过去,弄清楚某一个问题的发展过程。它解释了在过去有什么样不同的做法,才会产生不同的结果,还有以往相似的问题该如何解决。寻根溯源还包括搜集相关信息,以便获得获取问题的背景,并对问题加以理解。你在课时计划的这一部分的指导作用包括:引导学生去寻根溯源;提供建议,在他们知识探索的过程中指明方向,而这又包括了对科目问题进行适量研究。

进行下一步骤的条件:学生必须已经就科目问题进行了大量研究,熟悉了课程内容,才能进行下一个阶段。他们要迅速将这一新知识融入下一个阶段。根据你所设置的情境和期望,列出相关要求,以便进行彻底的调查。

总统是这样产生的

学习过程

展望未来 1~2个周

让学生思考已学内容，思考他们想让虚拟的班级总统竞选候选人以何面目出现，做出何种行为，如何去展现自己，在此过程中，还要继续寻根溯源。引导他们就候选人的独特面貌和个性发展进行思考。他们还要思考候选人的立场、价值观和激情所在，以及要为班级、学生乃至整所学校做出什么贡献。确保学生尽力去判断，对于正在努力为候选人、竞选活动赋予实质性、持久力的学生而言，重要的事情有哪些。他们还需要一套条理清晰的价值观，这将在后来的班级辩论中支撑他们的论点。

进行下一步骤的条件
学生对候选人的设计和简介已有清楚的认识，对于如何设计竞选构成要素有了初步方案。

谋篇布局

在这个阶段，学生可以将他们对于候选人设计、竞选海报、口号、图标和引人入胜的政治演讲的想法付诸现实。你可以让他们咨询其他人，如父母、朋友，甚或当地的成功政治人物，以决定在竞选和拟写演讲过程中采取怎样的正确策略。

进行下一步骤的条件
学生为候选人和个性简介、海报创意、原创竞选口号、图标制订了框架，为候选人竞选演讲列出了提纲，为完成项目进展制订了计划。

做给人看——生成阶段

所有的提纲和想法都已经得到了修改、编辑、定稿和展示。海报和其他图表可以悬挂在教室或校园内，项目可以拓展成为非正式投票，由其他学生来衡量在选举中可能会投给哪位候选人。小组可以进行竞选演讲。这时候也正好可以宣布候选人辩论的话题。

进行下一步骤的条件
学生已经创造了候选人，确定了海报、图标和口号的想法，海报一目了然，供人们思考和评论。他们还已进行了候选人竞选演讲。对于接下来的候选人辩论话题也已了解。

展望未来

有了通过寻根溯源得到的新背景，学生思考解决方案就有了坚固的基础。展望未来阶段包括进行头脑风暴，提出"智慧型"解决方案，即具体的、可衡量的、可实现的、符合现实的、及时的解决方案。

该部分为如何在这一过程中指导学生提供说明。这里讲的是利用课程情境和界定阶段中的参数，预想最佳"智慧型"解决方案会是什么样。在这个阶段，学生在将解决方案概念化的过程中，他们的创造性思维要得到充分发挥。

进行下一步骤的条件：学生要为预期解决方案写出书面解释，表明他们已经了解了信息的目的，目标群体是谁，考虑了手头现有的时间和资源，还有团队的技能级别。他们接着要把这一概念"推销"给教师，而教师则帮助他们来评估这一概念。

谋篇布局

这一阶段指的是为项目的产品产出过程谋篇布局，用具体的阶段、截止日期和责任来制订时间线。这一部分是关于如何掌控过程的细节和指导的天下。例如，如果其中一个预期解决方案以幻灯片形式展现，其中就要包括一个通常与完成此类项目有关的资料来规划出不同的阶段。这将是用来评估学生提交的设计的底线。

进行下一步骤的条件：这取决于你的学生所给出的多种方案设计，但这一组先决条件通常包括提交符合现实的完整时间线，给出具体的阶段、截止日期和分配到每个团队成员身上的责任。

做给人看——做

在做这一阶段，做给人看的方式或所要创造的产品将会决定这一阶段的内容。根据项目的复杂程度，这里可能要增加数个阶段。例如，正确开发媒体项目涉及预生产、生产和生产后阶段，每一个阶段都有各自的标准。然而，在生产阶段的末尾，学生的产品已经完成，随时可以发布或展示。

进行下一步骤的条件：在这一阶段，正如展望未来阶段所界定的那样，学生的产品已经完成。项目必须完全遵守预设的准则，如果存在多项要求，还必须包括所有必要的构成要素。这些将表明学生已经做好了朝做给人看的第二部分进发的准备。

总统是这样产生的

学习过程
做给人看——做
现在，各组均有机会在辩论中就某一选定的话题进行挑战并与其他组对决。话题可以选自当地，与学校相关，也可以范围大点，比如区域性或全球性话题。教师为辩论的斡旋者，各代表与教师参加话题讨论。以下为主持用的一些问题： ＊ 这个话题为什么对于学生或社区具有实质性？ ＊ 如果不提这个话题，会怎样？ ＊ 你的候选人会采取怎样的个人行为，来帮助解决这一问题？ ＊ 行动计划的潜在缺点是什么？ ＊ 当选后，你的候选人对于解决这一问题有怎样的个人保证？
进行下一步骤的条件 学生小组介绍了候选人，竞选演讲完毕。他们还以候选人代表身份，参加了由老师作为斡旋者，就某一预设话题进行的班级辩论。
执行报告
现在，所有小组以班级为单位，讨论他们对各组竞选过程的看法。他们的面貌如何，哪些地方可以改进？候选人和竞选活动是否具有潜在的引人入胜的特性？假若如此，原因何在？从政治竞选中所涉及的工作中学到的东西，取得成功和比他人强的原因，就这些方面敦促他们进行反思。

做给人看——给人看

做给人看的第二部分是给人看。当初讨论问题解决流畅力时，我们提到，只制作展示是不够的，还要给人看才行。这里就是实实在在地把解决方案拿出手。在给人看阶段，学生小组可以展示给其他小组看。这样的话，利用同伴评价和自我评价来进行评估，鼓励其他小组提出问题以便加以阐释，这就是一个很好的策略。

这一部分还会为你提供一些样本问题，根据研究做得如何，学生对科目知识的掌握程度，展示对问题的深层次理解。这一部分还会提供一些有关标准的建议，以用于评判成果展示。同时还鼓励你自行组织问题和标准，以最大化地利用本课的这一阶段。

进行下一步骤的条件：要进展到这最后一个阶段，学生要已经根据项目的具体要求完成了做的阶段。所需进行的任何评估都必须已完成。

执行报告

学习过程的最后阶段是执行报告。这一阶段常常被忽略，但在课时计划中又至关重要，对学生往往有着极大的启示作用。完成整个学习过程后，他们现在得以回望过去，看看自己都学到了什么。

执行报告涉及分析如何能改进产品和过程。如果时间允许，学生还可以略加调整，以改善项目。但无论如何，了解如何才能在下一次改进产品和过程，对于学生更好地掌握问题解决流畅力是有益处的。

除此之外，这一阶段还应有一次小组讨论，回顾最初的假设，让所有人得以体会可衡量的学习过程以及投入的时间所具有的价值。

量规

在讨论量规之前，我们先声明重要的一点。评估的过程通常是学生看不到的，也不应当让他们看到。每一次量规都应当按照这样的方式进行，即允许学生使用它来评估自己或同伴的成果。事实上，我们强烈认为，学生自始至终都应当参与到评估过程中，并且建议你在项目开始之初为他们提供"项目量规"——其中阐明他们必须实现的目标。

在设计课时计划时，我们开发了四种量规。它们是起点，用于辅助评估项目，也用于评估学生在对课程目标的理解上是否有所进步。当你自主设计课时计划时，可能会觉得需要另外添加一些量规。

总统是这样产生的

整体量规	
4	小组创造出独一无二、令人感兴趣的总统候选人,此人拥有强烈的性格特征和一套条理清晰的理念与价值观。他们的海报、口号和图标设计都能够有效地展示或介绍候选人。海报引人注目,创意十足。所有的竞选构成要素紧密结合,相辅相成。引人入胜、发人深思的演讲已为这位特定候选人写就,并已展示出来。各代表积极参与班级辩论,将结构合理的理念和有力而符合逻辑的观点、论点全部展示出来。
3	小组所创造的总统候选人能够引起人们的兴趣,具有一些较好的人格品质和一套条理清晰的理念与价值观。他们的海报、口号和图标设计能够有效地展示和介绍候选人。海报引人注目,创意十足。所有的竞选构成要素紧密结合,相辅相成。引人注目、发人深思的竞选演讲已为这位特定的候选人写就,并已展示出来。各代表积极参与班级辩论,所展示的理念结构合理,观点与论点较符合逻辑。
2	小组所创造的总统候选人具有一些较好的人格品质,理念与价值观条理不够清晰。他们的海报、口号和图标设计有一定的创意。大多数竞选构成要素相互联系,相辅相成,但有些例外。为这位特定的候选人拟写竞选演讲并已展示。各代表有限度地参加了班级辩论,为提出较好的理念、观点和论点而苦苦挣扎。
1	小组所创造的候选人索然无味,缺乏个性,不具有条理清晰的理念与价值观。他们的海报、口号和图标设计无法有效地展示和介绍候选人,且无法引人注目,也没有创意。所有的竞选构成要素松散残缺,无法相辅相成。为这位特定候选人拟写并展示的演讲毫无生气可言,令人提不起丝毫兴趣,不能发人深省。各代表消极对待班级辩论,参与时又不能提出好的理念、观点和论点。

项目量规

三个量规中的第一个就是项目量规。它是我们在设置情境的界定阶段生发出来的。这个量规专用于评估我们要求学生做的事情。例如,如果我们要学生设计一个10分钟的幻灯片,说明保罗·利威尔(Paul Revere)是何许人也,家住何方,在美国历史上的作用,那么这些都是量规中应有的要点。

这一量规非常适用于自我评价和同伴评价,因为它概括了整个项目。

利用它来衡量你的学生,他们将有机会了解评估,并在问题和预期结果中间建立联系。这将有助于他们成为更好的问题解决者。

咱们再稍微深入了解一下,这些量规是如何来评估学生的吧。我们要问的第一件事,学生的任务具体是什么?如果他们对问题有着清楚的理解,并且能在界定阶段展示出来,那么如果达到所有标准的话,就应该得到满分。咱们先从"他们的任务是什么?"开始。这里是"总统是这样产生的"中的一个挑战。粗体部分是界定要点。

在竞选过程中,我们的政治领袖用到了不同的工具和策略。从一系列设计精良的图表来宣传其理想、价值观和个性,到朗朗上口和令人信服的竞选口号,再到至关重要的政治演讲,候选人必须尽全力去推销自己及其理念。分成小组,看一看最近进行的政治领导人竞选活动,看他们是如何组织的,以此为项目的下一个阶段积累想法。你可以引入所选竞选演讲的视频或录音,供班级思考,并让他们写下对结构和内容的看法。

各组为虚拟的班级总统想出一个竞选候选人,给候选人拟定名字、独特的性格和选举的任务说明。你所在小组要先为你们所推选的**候选人设计一个原始图像**,具体不限,可以是人,也可以是动物等。创造出竞选候选人后,**再为他拟写演讲稿,由你本人口头读出。**

进行调研,通过询问人们"领导者和政治家会为他们所代表的选民做何种工作"来深入探索。从其他领导人身上寻找灵感和想法。通过调研(必须调动人脉,如父母、朋友、社区领导人等)获得新想法和新知识后,修改、编辑你的演讲内容。你的演讲一定要是引人入胜的政治演讲。

有文化还不够：21世纪数字信息时代的流畅力

总统是这样产生的

学习过程形成性量规		
界定	以上	
		对于为班级总统拟定候选人，整合成功竞选活动的构成要素这一任务，学生已有清楚的了解，并已成功拟写出书面概括，其中包括：创建一个角色，参与虚拟的班级总统竞选，为其选定名字、个性特征、参选任务和图标。针对领导者做哪些工作来体现选民意图及如何去做，进行调查。调查过程中，要充分利用人脉资源。拟写引人入胜的政治演讲。设计能够反映候选人观点和个性特征的竞选海报。海报中必须包含口号、图像或图表。代表候选人来参加辩论。
	以下	
寻根溯源	以上	
		学生已经完成针对政治选举活动构成要素和技巧的考察、调查和采访，为高效率奠定了基础，并将所发现的东西记录下来，以备项目进展过程中查用。
	以下	

续表

展望未来	以上	
		学生对于候选人设计和简介已有清晰的形象，并为如何设计竞选构成要素列出了初步提纲。
	以下	

接下来，给你的候选人设计一款独一无二、别出心裁的竞选海报。海报要原创，引人注目，利用图像或某种符号，体现出候选人的个性和信念。另外，确保海报上写有独属于你候选人的"竞选口号"或宣言。口号或宣言应当言简意赅，一句话总结出候选人的理念、价值观和当选后对选民的承诺。

最后，弄清楚你们所推选的候选人对于某一重大议题的立场以及当选后会如何处理。教师作为斡旋者，**根据从新闻或社区中选择的某个议题组织班级辩论，主持候选人正面对决、展示观点和论据**。辩论结尾时，所有小组将就候选人在竞选中和议题辩论中的表现交流看法，另外要分析某位候选人的哪些优势值得为之投票。

咱们把这个情境拆分成小的要点：
- 为班级总统设计一个候选人，为其拟定名字、独一无二的性格和任务阐述。
- 拟定演讲，用于口头展示。
- 设计一款独一无二、引人注目的原创海报，体现出你们所定候选人的个性和信念。使用图像,并包含一个独特的竞选口号。
- 参与辩论,阐述你们所定候选人的观点和论点。

注意,如果我们肯花时间来做的话,就为界定阶段的过程提供了先决条件。事实上,我们之前的书面概括就是这么来的。下面是再次和我们之前的观点作比较:

学生明白本课的挑战,并给出包括本课任务在内的书面概括。每组将创造一个虚拟的班级总统候选人,并为他拟定竞选口号、竞选演讲和海报。他们还将以候选人代表的身份就某一选定议题参加班级辩论。他们将给出具有说服力的论点和对有关议题的一致看法(他们将为之采取何种行动,解释为什么这是最好的行动方针)。

现在开始进行第二个等级——尚可。这是项目要求的绝对最小值的总和。在21世纪学习环境中,学生要脱颖而出,要出类拔萃,这些都体现在量规中。他们有足够大的提升空间。我们还需要评估他们所做出的努力的质量。以下几个句子能够评估他们的表现和我们的标准,用过去时表示,进行标准值比较:

小组已经设计了一个相当普通的总统候选人,个性特征略微鲜明,理念和价值观较为松散。

他们的海报、口号和图标设计在简要介绍和展示他或她的政治任务、价值观方面,都十分有效。他们的海报属于入门级,具有些许创意。

拟写了尚可的演讲,并为这一特定候选人做了展示。

各代表有限度地参加了班级辩论,在阐释想法、观点和论点方面有些费力。

总统是这样产生的

课程目标量规
以上	
写下论点，条理清晰、论据充分地支撑论点。
以下	
以上	
在同伴和成年人的一些指导和支持下，通过规划、修订、编辑、重写或采用新方式，按需进行设计或强化写作。
以下	
以上	
进行短期调研项目以回答问题，调用多种资源，并适时调整调查方向。
以下	

续表

以上	
	以六年级话题、课本和议题为中心,不同的伙伴有效参与多种协作讨论(一对一讨论、分组讨论和教师引导讨论),汲取他人的观点,清楚地阐述个人观点。
以下	

定义了第二个等级后,我们把定义抄下来,改变一下语言,作为值比较的第三个等级——非常好。对比这两个等级,注意,我们只是改变了几个词语就达到了目的,所改变的词语用粗体表示:

小组已经设计了一个较为**引人兴趣的**总统候选人,个性特征较为鲜明,理念和价值观较为**清楚**。

他们的海报、口号和图标设计在简要介绍和展示他的政治任务、价值观方面,**大部分**都十分有效。他们的海报**相当**引人注目,创意成分较多。

拟写了**传情达意的**演讲,并为这一特定候选人做了展示。

各代表**参加**了班级辩论,较好地**阐释**了想法、观点和论点。

现在再思考一下第四个等级——优秀。这是量规的最高等级。之所以从这里开始,是因为我们要详细说明什么是优秀,而优秀的标准比较宽泛。对于六年级的学生来说,优秀这一标准显然不能与十二年级的学生相提并论。作为教师,你了解学生的能力,可以为他们能做到哪些事情列出提纲。只有在超越要求,或者做了额外功的情况下,他们才能达到这一等级。

小组已经设计了一个**独一无二**且引人兴趣的总统候选人,**个性特征十分鲜明**,理念和价值观清楚。

他们的海报、口号和图标设计在简要介绍和展示他的政治任务、价值观方面,都**十分有效**。他们的海报**引人注目**,创意十足。

拟写了**引人入胜的**演讲,并为这一特定候选人做了展示。

各代表**积极**参加了班级辩论,条理清晰地阐释了**充分而符合逻辑**的想法、观点和论点。

如果团队成员未能完成项目,他们肯定只能得零分。否则的话,就只能拿到第一等级——差劲。在量规设计的最后阶段,我们拿出第二等级的文本,在思考对问题的原始界定时,将值比较减少到差劲等级。

小组设计了一个**无趣的**总统候选人,个性特征**极不鲜明**,理念和价值观极不清楚。

他们的海报、口号和图标设计在简要介绍和展示他的政治任务、价值观方面,根本**起不到作用**。他们的海报**完全不引人注目**,创意成分近似于无。

没有拟写传情达意的演讲,并未为这一特定候选人做展示。

各代表极少参加班级辩论，**未能**阐释想法、观点和论点。

第132—133页是完整的量规，可供学生使用。对于一些项目来说，根据时长和复杂性的不同，里面的标准就足够了。事实上，许多时候，只需这一个量规就足够了。

总统是这样产生的

构成要素量规			
4	3	2	1
总统候选人设计			
独一无二、引人兴趣、鲜明的个性特征，理念和价值观清晰卓越。	引人兴趣、较好的个性特征，理念和价值观清晰，较好。	有些较好的个性特征，理念和价值观松散。	缺乏个性特征和清晰的理念、价值观。
设计构成要素			
设计十分有效地简要介绍候选人，引人注目，创意十足。	设计有效地简要介绍候选人，引人注目，创意十足。	设计比较有效地简要介绍候选人，有一定的创意。	设计无法有效地简要介绍候选人，不引人注目，且缺乏创意。
设计连贯性和相关性			
所有的竞选构成要素紧密结合，相辅相成。	大多数竞选构成要素紧密结合，相辅相成。	一些竞选构成要素紧密结合，相辅相成。	竞选要素未能紧密结合，相辅相成。
总统演讲			
为该候选人拟写了引人入胜、发人深省的演讲，并进行展示。	为该候选人拟写了发人深省的演讲，并进行展示。	为该候选人拟写了基本的演讲，并进行展示。	为该候选人拟写了枯燥无味的演讲，并进行展示。
班级辩论参与			
积极参与，并提出了极好的理念和强有力、符合逻辑的观点。	参与辩论，提出了较好的理念和一些符合逻辑的观点。	参与的程度有限，在提出理念和符合逻辑的观点时有些费力。	没有积极参与，无法提出符合逻辑的理念和观点。

项目构成要素量规

前一个量规非常实用，但假如该小组在该项目的大多数地方都做得很棒，仅有一个地方有瑕疵呢？他们得到的结果可能就是第一级别，而项目的总体级别为第四级别。为了防止这一情况的出现，我们还要用到项目构成要素量规。与所有量规一样，项目构成要素量规也可以用于自我评估和同伴评估。如果按照我们建议的方式来构建第一个量规的话，这一个量规也就很容易构建出来了，首先拟写第四级别，然后复制粘贴，修改一下语句就可以了。

项目构成要素量规的构建要用到项目量规中的相关语句，概念转化一下即可。还是用实例来解释更容易些。第138页的图表就是"总统是这样产生的"项目的项目构成要素量规。

学习过程形成性量规

在我们的课时计划中，每一个学习过程都有一个先决条件——其中列举了学生为了进行下一个步骤，必须完成哪些内容。这些部分的文本复制到本量规中，通过形成性反馈来引导学生，而形成性反馈的实质就是迷你版执行报告，有助于学生在设计或生产的关键时刻改进过程和产品。如果进行下一步骤的条件能用过去时的量规风格写就，便于学生理解的话，那就再好不过了。学习过程形成性量规的样本就在第132—133页。

基础课量规

21世纪课堂的目标是培养21世纪流畅力，同时又能实现义务教育课程目标。我们在21世纪流畅力套装中所涉及的单元，符合数学与英语语言艺术的基础课标准，同时还有些部分是基础课标准尚未包括的。你所在的街区可能也用到基础课标准，或者另有其他标准，但无论以哪种标准来设置情境，它们都是你要遵守的，也是学生要熟练掌握的。

大多数标准未能在某一个单元中完全达到，然后就被扔在一边不管了，其实不是这样的。相反，它们会出现在多个单元中，并不断地去实现。我们用基础课量规来为学生提供形成性反馈,让他们理解标准是什么,如何去做,如何去进步。

与学习过程形成性量规的设计相似,各个标准的中间都留有空白,以便提供形成性反馈,向学生解释他们为什么高于或低于标准。

我们给出两个基础课量规,一个用于主科,另外一个是能够应用于某个特定单元的副科。

早前,我们在"总统是这样产生的"这一单元里列出了我们要达到的基础课标准。基础课量规可以在第135—136页找到。

总统是这样产生的

可用于本单元拓展的问题与构思
培养全球数字居民
○▲将你的课堂转变成一个特定的公司或组织,旨在提倡优秀市民和为其他所有学生提供同伴支持。 ※□○与地方社区领导合作,组织环境清洁运动,鼓励其他学校参与。 □○为班级总统、特定俱乐部领导人或活动领导人竞选设计播客和纪录幻灯片,使用数字网络平台,教导学生竞选中的良好行为因素。
○个人责任心 ●全球居民 ▲数字居民 □利他主义的服务精神 ※环境管理
为什么政治领导人对于有序社会的结构至关重要?
理解"法治"与"人治"之间的区别(例如,根据现有法律作出的政府决策和行为对比专制行为和裁决)。
不同级别的政治领导人或决策者的职责是什么?
理解分权体系中政府各分支的首要职责(例如,立法、执法和司法分支)和各分支分权、各司其职的方式。
缺乏社会政治结构会对社会产生什么样的短期和长期影响?
理解有关为什么政府至关重要的主要理念(例如,若没了政府,公民的生命、自由和财产就无法得到保障,个人力量有限,无法像集体那样做许多事情,比如修建高速公路,为国家安全提供武装力量,或者制订、执行法律)。 理解法治如何以及为什么可以用于限制公民和政府官员的行为。 理解缺少法治可能会产生的后果(例如,无政府状态、专制和统治的反复无常、缺少可预测性,忽视现有的公正程序)。

续表

提案是如何通过并形成法律的？
了解一些宪法的基本应用（例如，阐明政府的目的，描述政府的组织方式和权力的分配，界定公民与政府之间的关系）。

资料页

量规之后，我们列举了在学习过程的各个阶段都可以使用的信息工具全清单。其中包括了可以应用于不同阶段的资料，甚至还可以用于学习主页上出现的核心概念矩阵中的概念。这些资料适用于教师和学习者双方。

培养全球数字居民

理想的全球数字居民标准可以分为五个不同类型——个人责任、全球居民、数字居民、利他主义的服务精神和环境管理。在第九章，我们对这些特征做了详细解说。课时计划的这一部分为课时内或课时拓展的活动提供了建议，这些活动都有助于获得其中一项特质。

用于拓展的概念和问题

在全球数字居民的建议之后，是为额外项目和本单元内可以提出的问题提供的一些建议，供你思考。这些建议是让你把课时计划引导到其他方向上去。你可以利用这些建议来挑战和培育学生不同的技能和能力，并引导他们进行其他有趣或充实的问题解决探索之旅。问对问题，这是引导学生搜寻信息的法门，也是信息流畅力中所使用的过程的一部分。每个问题或建议之后，都列出了一部分额外的课程目标，可以包含在单元之内进行。

课时计划模板

在我们的网站（http://www.fluency21.com）上，你可以找到在线课时计划工具，用来设计和存档你的想法，也可以分享给他人。以下是纸质版课时计划工具，它能帮你对课时进行规划。在我们网站的资料页上，你可以找到该文档的PDF版本。

课时计划样本

在本书末尾，我们给出了一些完整的课时计划样本，供不同的年级、科目使用，你可以参考。完整的21世纪流畅力套装正在开发之中，其中有一本书，其各个单元专门针对各个年级和科目，另外配备了大量资料。我们希望，这些东西能够激励你、帮助你设计自己的课时。

本章要点总结

- 所有的教育体系都建立在各种标准之上，而教师要以课程设置为准。因此，在为培养21世纪流畅力而设置课程时，课程设置就是一个绝佳的着手点。
- 为了培养独立自主的终身学习者，我们必须把学习的责任从教师（传统的承担者）转移到学习者（真正的承担者）身上。
- 为了实现学习过程，在设置情境的过程中，一定要优先考虑实质性。如果学生能够有切身体验，如果他们能为之感到兴奋，如果他们能有所联系，那就肯定能从中学到东西。
- 情境设置得当的话，21世纪流畅力将会在学习过程中自然而然地培养出来。

本章思考题

- 对于当今的学生而言，六步法（界定、寻根溯源、展望未来、谋篇布局、做给人看和执行报告）是如何与设置具有实质性的课程相关联的？
- 你能想出哪些可以用于课堂的现实情境？
- 为什么说在教育情境中保证用到高阶思维技能是至关重要的？
- 在设置情境时，为了保证其合理性，你应该问自己哪些问题？

第十二章 信念坚定的沙丁鱼

> 满怀信心地踏出第一步。你不必看到整个台阶，只需迈出第一步即可。
> ——马丁·路德·金二世（Martin Luther King Jr.）

我们必须迅速重新思考、重塑目前的课堂学习体验；我们意识到，这是一项巨大的挑战。

想一想——戒掉一个小小的坏习惯，比如抽烟、贪食巧克力、咬指甲，或者被提名万事达卡名人堂，这些到底有多难？答案是特别特别难。但当面对重新思考教育这一挑战时，我们不仅是要戒掉几个坏习惯，比如乱花钱、乱吃东西或滥用时间这么简单，而是要重新思考我们人生经历中一些最基本、最传统、最根深蒂固的东西，还有关于教师如何教学、学生如何学习、学习过程如何评估的根本理念。

然而，禀性难移，改变不易。有时候，做出改变仿佛泰山压顶一般。那我们该从何处着手呢？在教育方面，我们该如何应对日新月异的世界？如何应对有关教学、学习和评估的根深蒂固的传统观念呢？如何处理与数字一代的关系？

勇敢面对

说来可能有些自私，但我们坚信，我们并非主角，跟我们的事情无关，也跟我们的舒适区无关，只跟孩子们、孩子们的希望、我们的梦想和我们对孩子们的未来的期望有关。或许他们只占人口的20%，但他们绝对是祖国的未来。

从内心来说，所有的退休金计划都取决于我们给他们准备到何种程度。过去10年里，踏入世界经济界的新人有30亿，就算有技能和机遇来和我们竞争的人只占10%，那也有3亿——相当于美国劳动力总数的两倍，加拿大劳动力总数的20倍。

在21世纪的工作文化中，做脑力劳动以外的都拿的是最低工资。一切能通过自动化、硬件化、软件化或外包、迁到海外的工作，拿的也都是最低工资。所以我们面临一个抉择：要么让学生和工人掌握高阶技能，要么就让他们拿低工资。如果学生不能培养这些21世纪技能的话，他们还能从何处得到？

我们常常听到有人抱怨说，孩子们今非昔比，学校也今非昔比。说实话，我们认为，学校所存在的问题并不在于他们今非昔比。从文化和社会方面来说，学校确实今非昔比；但从结构上来说，这与150年前根据欧洲农业周期，夏天就放3个月的假，让他们回家收庄稼，其实没什么分别。

不，问题在于，我们的学校依然跟过去一样。所以，如果我们要让学生为未来做好准备，而不是为我们的过去、我们的舒适区出力，那就需要新式学校的出现——不仅如此，我们还需要一套全新的观念。为了那个等待着他们的新世界，我们需要打造新式学校，打造能够让学生为未来、为终身——为走出校门之后所要面对的生活——做好准备的学校。这非常不容易，但作为教育者，我们必须明白，我们的工作不是提供现有的和一直存在的理念，而是要对他们可以成为什么、可能成为什么和必须成为什么进行影响。

再次申明，改变不易，你很可能会觉得自己被所需的改变压得喘不过气。这是人之常情。转瞬之间发生的事情很少会被人所理解，也很少有所成就。改变的过程是漫长的，不会一蹴而就。

坦白地说，在写《有文化还不够》这样的书的过程中，在创建21世纪流畅力这样的大项目的过程中，人很容易觉得不知所措，我们也确实常常有这样的感觉。但是，每当不知所措时，我们就会跑到一个地方去减压。这个地方就是加利福尼亚州蒙特利市的蒙特利水族馆。有人说，这是世界上最棒的水族馆。

赏鲸的乐趣

许多年前,伊恩第一次带妻子尼基到水族馆去玩。买完门票后,他们走进去。一进门,右手边的一家礼品店正在播放有关蓝鲸的视频。蓝鲸是地球上体型最大、声音最大的哺乳动物,可达190分贝,远远超出人的呼喊声(70分贝)和飞机的轰鸣声(140分贝)。视频里充满了令人惊奇的数据。蓝鲸比坐满人的737飞机还重,它的体长相当于2.5辆灰狗巴士首尾相抵,心脏的大小跟一辆大众甲壳虫不相上下。它的血管连在一起人都可以在里面游泳,舌头长8英尺,重6000磅。尤其令人惊讶的是,在出生的第一年里,蓝鲸幼仔大约每小时就能长15磅。

另外一个惊人的数据引起了他们的注意——蓝鲸体型庞大,沿着一个方向游动时,想要转身的话,需要3~5分钟才能完全转过来。

在这个世界上,许多人觉得蓝鲸与学校体系有着很大的相似之处。还有许多人认为,呼吁建立特殊学校、发放教育补助金的那些人,都是希望我们无法很快转变公立教育的人。

但如果你经过播放的蓝鲸视频,往左转,走上大约50码,就能看到我们公认的蒙特利水族馆的镇馆之宝。

这是一个10层楼高的全玻璃水箱,里面住着许多蒙特利湾当地的生物。如果你读过约翰·斯坦贝克(John Steinbeck)的《罐头厂街》(*Cannery Row*),你就会知道,在一个世纪之前,蒙特利湾内部每两年都会莫名其妙地出现一次跟城市街区长度、宽度和深度差不多的大量沙丁鱼。这样大量的小鱼所组成的鱼群可不是一两只蓝鲸那么大,而是数千只!

但蓝鲸转身与沙丁鱼群转向之间还是有着根本区别的。它们是如何转向的呢?它们是怎么知道要转向呢?是超感知觉吗?用了推特吗?还是用了手机?

在好奇心的驱使下,我们紧紧地趴在水箱壁上,看着里面的大群沙丁鱼四处游动。

乍看之下，沙丁鱼似乎都在沿着同一方向游动。可当眼睛适应了光线之后，我们才开始慢慢地意识到，从始至终，总有一小群沙丁鱼在沿着相反方向游动。这样一来，难免就会给彼此带来冲突、不安、冲撞和压力。

然而，最终，当真正信念坚定的沙丁鱼达到一定数量时——不是想要做出改变的50%或60%，而是相信需要做出改变的那10%，你知道会发生什么吗？整个鱼群都跟着转向了。这跟过去几年来我们对抽烟、酒驾或政客撒谎等行为的态度正好相同，也跟中东的政治变迁正好相同。正所谓冰冻三尺非一日之寒，每一次都是一小撮人面对障碍和阻碍，但他们依然愿意做出改变。

大家都要坚定信念！

在21世纪流畅力项目网站上有我们的博客，叫作"尽职尽责的沙丁鱼"。刚开始发博客时，我们梦想着组织一批跟随者，提供一些世界级的图书和免费资料，为朝着符合21世纪生活的教育之转变贡献一份力量。订阅者从涓涓细流变成汪洋大海，如今，我们拥有了来自十几个国家的成千上万个信念坚定的沙丁鱼。这个博客和这些资料被访问了几百万次，假以时日，它将扩展成为一个个人学习网络，你可以创建和分享课时计划，就像本书这样。

那么摆在面前的一个重大问题是，你们谁愿意成为一条信念坚定的沙丁鱼？你们谁愿意逆水行舟，对抗传统思想，对抗教育中根深蒂固的传统理念与实践，从而将学校从现有的角色转变成为它应扮演的角色？

美国人类学家玛格丽特·米德（Margaret Mead）如是说：

> 永远不要怀疑，一小撮有思想、有坚定信念的人就可以改变世界。事实上，古往今来，改变世界的一直都是这样的一小撮人。

关键在于，改变并不是从总统、州长、总监和校长等大人物开始的，而是从你我开始,但我们并不会一下子就全部改变,也不能等着别人先去做出改变。

改变始于此时,始于此地,始于我,始于你。记住,千里之行始于足下,九层之台起于垒土。改变取决于我,取决于你,取决于我们所有人。

推动学校的转变是一个巨大挑战。有时候,这个任务似乎压得人喘过不气,根本无法完成。但停下来想一想海伦·凯勒(Helen Keller)。她的一生遇到了许多重大挑战,刚出生15个月就变成了盲哑聋。然而,就算身患这样彻底的——有些人会说是难以想象的——残疾,这个女人却拿到了博士学位,成了大学教授,写了30多本书,还被人们尊为过去100年里最伟大的思想家之一。

在后半生时间里,海伦·凯勒的一个学生找到她,问了她一个简单的问题:"凯勒小姐,做盲人是什么感觉?"海伦·凯勒想了想说:

> 比眼盲更糟糕的,是眼不盲而心盲。

这不正是《有文化还不够》和21世纪流畅力的内涵所在吗?我们不是要追溯过往,而是要展望学习、教学和评估可能会有的模样。每每念及学生的未来,我们能做些什么才能让孩子们为离开校门就步入的社会做好准备,就思考一下这个问题吧。

所谓疯狂,就是你做了常做的同一件事,却希望得到完全不同的结果。如果我们依然一如既往,那么得到的将是同样的结果。你作为教育者,作为一个来自完全不同时代的个人,我们理解你在当今世界上所从事职业里遇到的挑战。保证你无须单枪匹马、手无寸铁地面对这些挑战,正是我们的责任——我们的使命。

你是年轻学生一生中最重要的一部分。你经验丰富,为他们提供了无价的知识,鼓励他们,激发他们的潜力。在这个不确定的年代,你的使命就是提供确定性,而且你面临着前所未有的巨大挑战,那就是做出改变。你知道自己能够做出改变,也愿意去做,以此为傲吧。

样品课程

四年级 科学：坚固的石头

坚固的石头 ——21世纪流畅力项目		科学	四年级
		10～12个周期	
重点 物质的属性、创意教学与学习		**概述** 在这个有趣而又极具挑战性的课程里，科学与音乐相互结合，以歌曲为教学方式，教学生理解物质的属性。	
重要问题 如何运用舞台艺术来让学生理解物质的科学属性？			
教学目标 △ 规划并实施简单的调查（组织一个可验证的问题，规划一次公平测试，进行系统化的观察，给出有逻辑性的结论）。 △ 验证实验结果。 △ 了解物质有不同的状态（如固态、液态和气态），各状态都有独特的物理属性；水等常见物质可以通过加热或降温的方式，从一种状态转化成另一种状态。 △ 了解物质可以根据其物理属性和化学属性进行分类（如磁性、传导性、密度、溶解性、沸点和熔点）。 ◎ 了解物质的组成部分可能极小，不通过显微镜是无法看到的。		问题解决流畅力 信息流畅力 创意流畅力 媒体流畅力	
核心概念框架			
△物质的属性 △物质的变化状态 ◎△科学调查与研究 ◎创意教学方式	◆◎写歌与作曲 ◎舞台艺术	协作流畅力	
◎语言艺术　◆数学　△科学　■社会研究		全球数字居民	

情境设置

为了教小孩子们认识物质的科学属性,学生们要原创歌曲并表演。

高端科技:学生使用"随身录音室"等软件谱写并制作数字歌曲,同时利用数字动画来阐明关键点。

低端科技:学生使用标准录制工具录制原创歌曲,收集照片和插图,以供幻灯片使用。

无技术:学生现场表演歌曲,利用美术材料制作出图表和插图。

情境

物质以各种形式存在于我们的周围。固体、液体和气体和谐共存,构成了地球的精髓。有没有想过,这所谓的物质到底是什么呢?算你们走运,一家主持流行儿童节目的地方电视网给一些学校带来一项极大的挑战。他们想让你们年级的科学课协作起来,为他们的节目制作一个音乐片段。

他们所要求的歌曲既要有娱乐性,同时还作为非正式的科学课,为孩子们讲解物质的属性。最佳歌曲将会在特殊观众——一群小孩子——面前现场表演并录制,供节目播放。问题是,你的班级将如何利用研究和调查,以音乐的形式教学生这样的一个科目,并且让这个知识铭刻在他们心中呢?

将班级分成三个不同的音乐小组——固态小组、液态小组和气态小组。小组内协同合作,为儿童节目制作一个音乐片段。各小组所面临的挑战,是利用娱乐性音乐和舞台艺术,教孩子们去记住他们所展示的具体状态与物理属性。各小组要对所选物质的属性以及它与另外两种物质的关系进行科学调研。之后,各音乐小组要写一首有关该物质的歌,以便在新开发的节目上教给孩子们。

歌曲长度应该在2~3分钟之间,兼顾教育性与娱乐性。表演歌曲时,可以决定是否选用教学幻灯片、主题或动画来作为辅助工具。歌曲还可以使用苹果手机或平板电脑上的"随身录音室"等应用程序来进行数字化处理。

有意隐瞒的信息

学生要对物质的状态和物理属性进行研究和探索,目的在于教给小孩子们。他们还必须熟悉自己的探索过程,并点明研究过程中所借鉴的文化或咨询的科学家。他们要对如何写歌和录制歌曲进行简单的研究,必要时还要使用录制软件。

学习过程

探索学习者猜想　　　　　　　　　　　　　　　　1～2个周期

展现知识点，从而让小孩子们多年之后都还记得的方式有很多种。儿童节目利用艺术、创意、歌曲和讲故事，教他们去理解人生和身边的世界。要求学生讨论如何处理这个任务。在受众的年龄和学生自己的艺术能力方面，他们需要考虑哪些东西？哪种方式最适合以创意方式来展示目标物质，才能与小孩子们产生共鸣？这种方式该如何来决定？在学生思考如何利用创意来教小孩子们重要信息时，让他们讨论学习过程中创意、冒险精神和实质性的重要意义。

界定

学生以班级为单位，分成音乐小组，写出歌曲来教学生记住物质的状态及其属性，以作为当地儿童电视节目的音乐片段。学生已知课程的挑战，需要为这些挑战写出书面概括。

进行下一步骤的条件
学生已经以小组为单位讨论过重点和重要问题。在本课中，学生已经了解了所需要做的：

* 参与三个小组中的一个，就某种物质的属性写一首原创歌曲，供儿童教学节目使用。
* 对所选物质进行研究，了解它和它的属性。
* 就所选物质的属性写一首歌，教给学生。
* 以传统方式或辅以教学幻灯片、主题和动画等数字形式进行表演，也可以全部采用动态数字卡通视频。

寻根溯源

班级应分成三个独立的小组。通过研究和收集信息，学生已经熟悉了物质的属性，从而能够教给小孩子们。在本课中，他们扮演着作曲家、研究者和教育者三种角色。他们要花时间研究打算以何种方式来处理各个项目任务。

进行下一步骤的条件
学生已经分成三个独立的小组，对目标物质已经进行了研究。他们已经讨论过如何应对项目的创意、科学和教学方面的要求。

展望未来

踏上有趣而充满创意的科学世界个人旅程，各小组要集思广益，将其研究、科学知识和才能集中起来，就本乐队所要展示的物质及其属性写一首

续表

歌。这首歌将成为一个儿童教育项目的一部分。什么样的歌曲既能吸引孩子们的注意力，又能帮他们了解目标物质呢？什么样的表演能帮学生们长时间记住目标物质呢？思考一下，如何才能让这节课具有实质性、有用性和娱乐性——这是对于你自身和你年幼的受众两方面而言的。

进行下一步骤的条件
关于如何就物质的具体状态及其属性为孩子们写一首教学歌曲，学生们已经有所构思。他们已经对目标物质进行了研究，收集了相关信息，为写歌词打下了基础。他们已经在小组内讨论过如何应对任务，将其转化成为高质量的、富有创意和教育意义的表演。

谋篇布局

现在，各小组要开始将所做的研究转化成歌曲的结构。此时特别重要的是要考虑受众，即小孩子们。你要写一首什么样的歌曲，既能体现出物质的科学属性，又能让他们参与到这个学习过程中呢？你要采用什么样的视觉材料？会是完全数字化处理、以娱乐性卡通视频来表演的吗？使用演出服和舞台表演艺术的现场表演是否也同样可行？如何来做，这就看你的小组怎么决定了。但要记住，你们的最终目标是富有教育性。这意味着两样东西：第一，要对目标物质有切实的了解；第二，或许也是最重要的，要采用真正富有创意的教学方式，让你的课程扎根于小孩子们的脑海，使之兴致盎然。

进行下一步骤的条件
学生小组已经开始为项目的教学歌曲和表演进行设计和作曲工作。他们在考虑受众以及如何最好地创建行之有效的项目，以同时达到教育和娱乐的双重目的。

做给人看——做

各小组的项目已经定案。该阶段要求修改、排练和制订计划。他们将需要再次就项目进行讨论，确保歌曲中的内容翔实而具有实质性，从而把信息和教学点传达给小孩子们。创意教学要求能够融合重要信息和艺术天分，其目的在于让物质属性的教和学的过程既具有娱乐性，又富有教育性。

进行下一步骤的条件
各小组均已对歌曲项目进行了编辑、修改和定案。他们已经做好了展示给班里其他人或更多观众的准备。

做给人看——给人看

在这个阶段，各小组将以他们选定的形式来进行歌曲表演。观众不局限于一个班级，人数可以更多，这就看你的安排了。观众可以由低年级的学生组成，这样一来，就能看出这些教学歌曲教小孩子们科学课程的效果如何，

续表

也可以借机采用美国偶像式的投票机制来评判各组的表演。学生和较大规模的观众团可以通过推特反馈或其他评选方式来给各个表演投票。

进行下一步骤的条件
各小组歌曲表演完毕，并且已经得到了较大规模观众团的评估和（或）投票。他们已经做好了以班级为单位进行项目执行报告的准备。

执行报告

让学生反思这有趣的一课，彼此分享经验。关于创意及其对实质性学习的重要性体现在哪里？学生们有何发现？加入艺术天分的表演后，歌曲内容是不是更容易记忆？另外，让学生反思负责教小孩子们学习这个内容时的自身感受。是困难还是容易？除了单纯地为了歌曲而去研究科学目标之外，他们还要做些什么？为了使歌曲既具有教育意义，又具有娱乐性，他们需要考虑哪些东西？是否能够另辟蹊径？倘若如此，还有其他的什么方式？原因是什么？

学习过程形成性量规

界定	以上	
		学生已经以小组为单位讨论过重点和重要问题。在本课中，学生已经了解了所需要做的： * 参与三个小组中的一个，就某种物质的属性写一首原创歌曲，供儿童教学节目使用。 * 对所选物质进行研究，了解它和它的属性。 * 就所选物质的属性写一首歌，教给学生。 * 以传统方式或辅以教学幻灯片、主题和动画等数字形式进行表演，也可以全部采用动态数字卡通视频。
	以下	
寻根溯源	以上	
		学生已经分成三个独立的小组，已经对目标物质进行了研究。他们已经讨论过应对项目的创意、科学和教学方面的要求。
	以下	
展望未来	以上	
		关于如何就物质的具体状态及其属性为孩子们写一首教学歌曲，学生们已经有所构思。他们已经对目标物质进行了研究，收集了相关信息，为写歌词打下了基础。他们已经在小组内讨论过如何应对任务，将其转化成为高质量的、富有创意和教育意义的表演。
	以下	

续表

谋篇布局	以上	
	学生小组已经开始为项目的教学歌曲和表演进行设计和作曲工作。他们在考虑受众以及如何最好地创建行之有效的项目，以同时达到教育和娱乐的双重目的。	
	以下	
做给人看（做）	以上	
	各小组均已对歌曲项目进行了编辑、修改和定案。他们已经做好了展示给班里其他人或更多观众的准备。	
	以下	
做给人看（给人看）	以上	
	各小组歌曲表演完毕，并且已经得到了较大规模观众团的评估和（或）投票。他们已经做好了以班级为单位进行项目执行报告的准备。	
	以下	

项目量规	
4	小组成员以该组所要展示的物质属性为主题，为其项目写出了一首独一无二的原创歌曲。歌曲内容明确显示，他们对目标物质做了充分研究。他们的歌曲既具有娱乐性，又具有教育意义，歌曲和表演中结合了教学方式与创意方式，能够吸引小孩子们。他们极富创意地使用了图片、动画和舞台表演艺术等视觉元素来阐明主题。他们能够回答人们提出的所有问题。
3	小组成员以该组所要展示的物质属性为主题，为其项目写出了一首基本原创的歌曲。歌曲内容显示他们对目标物质做了一定研究。他们的歌曲具有一定的娱乐性和教育意义，歌曲和表演中结合了教学方式和创意方式，能够吸引小孩子们。他们使用了图片、动画和舞台表演艺术等视觉元素来阐明主题。他们能够回答人们提出的大部分问题。
2	小组成员以该组所要展示的部分物质属性为主题，为其项目写出了一首勉强算是原创的歌曲。歌曲内容显示他们对目标物质做了有限的研究。他们的歌曲所具有的娱乐性和教育意义有限，歌曲和表演中的教学方式和创意方式结合也有限，不太能够吸引小孩子们。他们使用了少量图片、动画和舞台表演艺术等视觉元素来阐明主题。他们仅能回答人们提出的一些问题。
1	小组成员未能以该组所要展示的物质属性为主题，为其项目写出了一首不算原创的歌曲。歌曲内容显示他们对目标物质的研究极少。他们的歌曲不具有娱乐性和教育意义，歌曲和表演中未能结合教育方式和创意方式，不能够吸引小孩子们。他们使用了极少的图片、动画和舞台表演艺术等视觉元素来阐明主题。他们仅能回答人们提出的少数问题。

构成要素量规			
4	3	2	1
歌曲原创性及主题			
小组成员以物质属性为主题,写出了一首独一无二的原创歌曲。	小组成员以物质属性为主题,写出了一首基本原创的歌曲。	小组成员以物质属性为主题,写出了一首勉强算是原创的歌曲。	小组成员未能以物质属性为主题,写出了一首不算原创的歌曲。
研究			
歌曲内容明确显示他们对目标物质做了充分研究。	歌曲内容显示他们对目标物质做了一定研究。	歌曲内容显示他们对目标物质做了有限的研究。	歌曲内容显示他们对目标物质的研究极少。
方法——写歌			
歌曲既具有娱乐性,又具有教育意义,歌曲和表演中结合了教学方式与创意方式。	歌曲具有一定的娱乐性和教育意义,歌曲和表演中结合了教学方式和创意方式。	歌曲所具有的娱乐性和教育意义有限,歌曲和表演中的教学方式和创意方式结合有限。	歌曲不具有娱乐性和教育意义,歌曲和表演中未能结合教育方式和创意方式。
视觉元素			
极富创意地使用了图片、动画和舞台表演艺术等视觉元素来阐明主题。	使用了图片、动画和舞台表演艺术等视觉元素来阐明主题。	使用了少量图片、动画和舞台表演艺术等视觉元素来阐明主题。	使用了极少的图片、动画和舞台表演艺术等视觉元素来阐明主题。
讨论			
他们能够回答人们提出的所有问题。	他们能够回答人们提出的大部分问题。	他们仅能回答人们提出的一些问题。	他们仅能回答人们提出的少数问题。

课程目标量规——主科

以上		
规划并实施简单的调查（组织一个可验证的问题，规划一次公平测试，进行系统化的观察，给出有逻辑性的结论）。		
以下		
以上		
验证实验结果。		
以下		
以上		
了解物质有不同的状态（如固态、液态和气态），各状态都有独特的物理属性；水等常见物质可以通过加热或降温的方式，从一种状态转化成另一种状态。		
以下		

续表

以上	
了解物质可以根据其物理属性和化学属性进行分类（如磁性、传导性、密度、溶解性、沸点和熔点）。	
以下	
以上	
了解物质的组成部分可能极小，不通过显微镜是无法看到的。	
以下	

课程目标量规——副科

以上	
在给定的规范下,创建并安排短歌与器乐的结构(如特定的风格、形式、器乐谱写和作曲技能)。	
以下	
以上	
预写:利用预写策略来规划成品(如利用图形辅助器、故事图和网站等;小组相关的构思;记笔记;头脑风暴;根据写歌类型和目的来组织信息)。	
以下	
以上	
拟写与修改:采用各种策略来拟写和修改成品(如精心制作中心思想;拟写时要关注受众、遣词造句;利用不同段落来传达不同的想法;给出多个草案;合理选择标点,以达到效果;消除冗余)。	
以下	

续表

以上	
针对不同目的（如说教、娱乐、解释、描述和记录构思），采用不同策略（如改变主题、观点、组织结构和形式）。	
以下	
以上	
辨认不同乐器的声音（如管弦乐器、管乐和来自不同文化的乐器）和嗓音（男性、女性、儿童的嗓音）。	
以下	
以上	
演唱要富有感情，变化适宜，分句合理，演奏合规。	
以下	

续表

以上		
	小组表演（如融入乐器音色、跟上节拍、回应指挥的暗示）。	
以下		
以上		
	在人所熟知的旋律基础上，即兴创作简单的节奏变化和旋律装饰变化。	
以下		
以上		
	明白人们可以用多种方式去了解他人（如直接经验、大众传播媒体、跟他人聊工作和生活）。	
以下		

续表

以上	
书写条理清晰，情节连贯，其发展与结构都要适合任务、目标和受众。	
以下	
以上	
在同伴和成年人的指导和支持下，按需通过规划、修改和编辑来设计和强化书写。	
以下	
以上	
适时在展示中添加音频和视频，加强主旨或主题的发展。	
以下	

资料

教师和学习者资料

歌曲：物质属性
- http://gardenofpraise.com/matter.htm

物质的特性
- http://www.stcms.edu/pom/pom_student_pt1.htm

物质的可见属性
- http://www.chem1.com/acad/webtext/pre/matter.html

基础化学、物质属性和物质的基本属性
- http://en.wikibooks.org/wiki/General_Chemistry/Properties_of_Matter/Basic_Properties_of_Matter

物质的粒子理论
- http://www.clickandlearn.org/gr9_sci/particle_theory.htm

Youtube：物质属性——儿童科学实验
- http://www.youtube.com/watch?v=pmHxYE_vDBS

维基百科：物质
- http://en.wikipedia.org/wiki/Matter

超受追捧、创意十足的教学构思
- http://www.ehow.com/list_7232956_popular-creative-teaching-ideas.html

基于艺术的创意教学、创意学习方式
- http://www.aare.edu.au/03pap/bur03114.pdf

创意教学构思——说教式艺术和科学教学
- http://www.outdoor-nature-child.com/creative-teaching-ideas.html

科学课教学策略
- http://www.starlasteachtips.com/sciencetips.html

学习和教学中苹果音乐播放器和创意的应用
- http://www.isetl.org/ijtlhe/pdf/IJTLHE20(1).pdf

创意教学工具
- http://www.helium.com/knowledge/159305-creative-teaching-tools

创意教学与学习：从历史、政治和制度方面来看
- http://opencreativity.open.ac.uk/assets/pdf/P%20WOODS%20AUG%202004.pdf

可用于本单元拓展的问题与构思

培养全球数字居民

▲○以其他重要科目为主题，为不同年级的学生创作教育性歌曲和视频。
▲○写好剧本，拍摄、录制成片段或短片，反映你学校学生生活的一个重要方面。在博客或网站上共享，供其他学校和学生观看。
□○通过组织学校级别的才艺秀，筹集善款，支持当地部门。
▲○让学生自主制作每周的儿童节目，帮助年纪较小的学生了解不同的课内和课外科目。

○个人责任心　●全球居民　▲数字居民　□利他主义的服务精神　※环境管理

如何才能让学习过程具有实质性，且让人印象深刻？你为什么觉得自己的构思可行？

了解在不同情境下有效沟通的策略（如针对受众和情况，选择合适的策略）。

提出建设性反馈，明白虚心寻求和接受建设性反馈的重要性。

想象一个没有科学知识的世界。说明一下如何不以科学术语的方式来解释物质的属性。

理解某种东西的一种方式，就是想想它与另一种较为熟悉的东西的相似之处，这一点要记住。

理解目标物质、符号和想法是如何用来传达意义的。

在教授不同科目时，如何应用艺术和叙事？

了解物质的原理与学校教授的其他目标物质如何与艺术原理相互连通（如艺术和科学中的模式）。

理解目标物质、符号和想法是如何用来传达意义的。

科学和艺术这样的东西如何有助于我们学习其他文化？

明白人们可以用多种方式去了解他人（如直接经验、大众传播媒体、跟他人聊工作和生活）。

所谓学习，就是利用已有的知识去理解新体验或信息，而不是仅仅将新信息储存到脑袋里。

笔记与想法

六年级 数学：我们做到了吗？

我们做到了吗？ ——21世纪流畅力项目	数学	六年级
	10～12个周期	

重点	概述
节约燃料和节约能源	学生单独作业，设计一幅海报，展示出有关"梦寐以求的车"的相关信息。除了车辆的照片和基本信息之外，海报中还要包括图解、数据表和公路旅行计划等展示燃油效率数据与其他因素相关的东西，比如公里数和燃油花费。
重要问题	
如何分析交通工具的燃油经济性，找出一辆既能保护环境，又能减少燃油花费的好车呢？	

教学目标	
◆ 理解单位比率a/b的概念，其条件为a:b（此处b≠0），并使用比率来描述比例关系问题。 ◆ 利用比率和比例推理来解决现实问题与数学问题。	问题解决流畅力
◆ 制作数字为整数的当量比表格，找出遗漏值，将值对放到坐标平面上。利用表格来比较比率。 ◆ 解决单位比例问题，其中包括涉及单位价格和匀速运动的问题。	信息流畅力
◆ 利用加减乘除等标准运算法则，熟练地对多位小数进行加减乘除。	创意流畅力
◎ 引用原文中的证据来印证教科书中的详细分析和从教科书中得出的推论。 ◎ 写出提示性或解释性文本，以检验一个论题，并通过选择、组织和分析相关内容来传达意见、概念和信息。	媒体流畅力
◎ 加入视觉信息（如图表、曲线图、照片、视频或地图等），辅以书面或数字形式的其他信息。	协作流畅力

核心概念框架		
△理解比率与单位比率 △利用比率来比较成本 ◎△三角形和四边形的面积	◆◎利用单位比率来解决问题 ◎将表格中的值对放到坐标平面上	全球数字居民
◎语言艺术　　◆数学　　△科学　　■社会研究		

情境设置

学生要为梦寐以求的车设计一张海报。海报中应带有展示每加仑英里数信息的曲线图、显示该车燃油成本的表格和一个详细的自驾游计划,其中要涵盖燃油费用信息。

高端科技:学生利用布洛克海报软件,将高分辨率的图像和照片转变成墙面大小的图片。

低端科技:学生利用图像和照片编辑软件,制作成大幅海报。

无科技:学生自己画图,将网络上的照片剪切、粘贴到海报板上。

情境

虽然说你要再过好几年才有资格拿驾照,但估计早就想着要开什么类型的车了吧。烧油的?混合型的?电动的?现在连能飞的车都有了呢!

据说汽油价格会持续走高,所以燃油经济性在未来买车过程中将会成为更大的影响因素。你决定现在就开始研究汽车燃油经济性,以便开始攒钱去买一辆省油的好车。

你所面临的挑战是制作一张名为"我梦寐以求的车"的海报,以激励你开始攒钱买车。这张你打算挂在卧室墙上的海报,要有你所想买的车的图片。除此之外,海报上还要涵盖以下内容:(1)坐标平面上的曲线图,反映所用燃油与里程之间的比率;(2)根据你的车使用的燃油类型单位比例,反映出预计成本的表格;(3)详细的自驾游计划,其中包括燃油成本的计算。完成之后,你要在"揭幕式"上将海报展示给教师和同学们看。

行动起来,开始制作你的海报吧。首先去访问美国能源部的网站(www.fueleconomy.gov),在这上面,你能找到各种各样的数据,包括当今车辆和未来车辆的每加仑公里数(MPG)信息。

有意隐瞒的信息

学生研究燃油经济性的数据是如何计算的,理解给定的数据是如何与他们的海报所需的信息相互联系的。他们需要判断利用哪些途径来获取燃油经济性信息,并评估这些途径是否可靠。学生需要调查如何使用Photoshop和其他图片编辑软件,以适用于电脑屏幕的图片为基础,设计墙面大小的海报。学生要决定海报的大小和布局等具体内容,还有在揭幕式上以什么形式来展示海报。

学习过程

探索学习者猜想　　　　　　　　　　　　　　　1～2个周期

学生可能因媒体有关政府规定的报道、新车广告以及打算买车的父母和其他家庭成员而对燃油经济性形成偏见。让他们讨论并分享这些偏见。让他们意识到，对于这个项目而言，他们需要用心去理解燃油经济性数据的真正意义。有些学生可能早已相中了某种或某品牌的汽车，尽管该车目前的燃油效率并不高。让他们讨论一下为什么相中这一款车。通过调查为不远的未来提高汽车燃油效率而提出的建议，学生们或许会发现，当他们做好买车的准备时，燃油经济性已经大大提高了。

界定　　　　　　　　　　　　　　　　　　　　　1～2个周期

学生要利用电脑上生成的高分辨率图像和图片制作成墙面大小的海报。这张海报要独一无二，鼓舞人心，条理清晰而全面地展示所有信息。除了展示学生想买的汽车的图片外，海报中还要有一个坐标平面曲线图、一个有关燃油单位价格预计成本的图标和一个详尽的自驾游计划。班级讨论结束后，告诉学生整个情境和重要问题。要求每个学生都写一份所遇到挑战的书面概括。

进行下一步骤的条件
学生完全理解制作海报和所需细节的期望值。他们已经为所要面对的挑战写出了书面概括。他们知道自己要设计一张详细介绍他们想买的车的原创海报。海报中应涵盖一个显示每加仑英里数信息的坐标平面曲线图、一个显示汽车燃油单位价格预计成本的表格和一个包含燃料费用在内的详细自驾游计划。他们可以使用数字设计软件、图片编辑软件或标准艺术材料来设计自己的项目。

寻根溯源　　　　　　　　　　　　　　　　　　2～3个周期

学生开始研究不同类型的车辆及其燃油经济性排名。他们了解创新科技，从混合型和电动车等主流进步到氢能源汽车和植物油"油车"等非传统方式。学生要钻研燃油经济性数据背后的意义，理解不同变量对数据的影响，如该车是在高速公路上行驶，还是在市内行驶。学生还要开始熟悉图片编辑软件，以帮助他们用电脑上的文件来设计墙面大小的海报。

进行下一步骤的条件
学生已经针对不同类型的汽车和燃油经济性的指标进行了背景调查，熟悉了用来制作海报的图片编辑软件。

展望未来　　　　　　　　　　　　　　　　　　1～2个周期

研究完不同类型的汽车的燃油经济性之后，学生要展望手持梦寐以求的车的方向盘时的情景。对于一些学生而言，这款车的售价可能远远超出他们

续表

能攒到的钱;对于另一些学生而言,如果掌握了相关技术的话,他们愿意自己去打造这款车。考虑到当今大多数车的超高价格,学生刚开始了解买车和保养车的成本时,可能会感到灰心丧气。询问学生,他们是否觉得从长远来看,燃油经济性的提高,会使价格较高的车实际上变得不那么昂贵。当学生开始思考自驾游计划时,鼓励他们想想如何利用燃油与里程之比,来为这次自驾游设计一个燃油成本开支表。

进行下一步骤的条件
学生开始决定海报上展示哪辆车,同时分析燃油经济性与车辆长期费用之间的关系。

谋篇布局   2~3个周期

学生决定海报上展示哪辆车,为海报设计制订时间线。他们收集相关的燃油经济性数据,设计表格和曲线图,制订自驾游计划。他们草拟出海报的布局,便于将电脑上的设计转变成尺寸较大的图片。学生为在展示中要做什么和说什么制订计划。

进行下一步骤的条件
学生确定了海报要展示哪辆车,为制作海报制订了切合实际的时间线。

做给人看——做   2~3个周期

海报制作完成。鼓励学生回顾制作过程的每一个阶段,反思将燃油经济性数据融入展示的步骤,还有如何在表格、曲线图和汽车旅游计划中使用比率和单位价格。建议学生在展示海报定稿之前,向同班同学征求反馈。

进行下一步骤的条件
学生收集和分析了所定车辆的燃油经济性数据,将该信息融入了海报中,同时考虑了人们的反馈。

做给人看——给人看   2~3个周期

学生将海报展示给教师和同班同学,由他们就如何有效展示相关车辆的信息提供反馈。对精确内容的评估,要集中在比率和单位比例在展示燃油经济性和里程、燃油费用等数字之间的关系上,是否条理清晰,数据准确。以下是可以用于评估的标准。学生是否:

* 为他的车的燃油经济性收集了准确而相关的信息?
* 使用了坐标平面曲线图来展示油耗与里程之间的比率?
* 根据该车所用燃油类型的单位价格,制订出有关预计费用的表格?
* 为自驾游制订了详细计划,其中包括燃油费用的估算?
* 使用合适的图片和图表,在一张海报上展示了所需信息?
* 将他的海报展示给全班看,听取教师和同伴们的反馈?

续表

教师进行评估时可能会问的问题包括：

* 你如何来判断哪辆车是"你梦寐以求的车"？
* 你觉得你所选的车的燃油效率如何？
* 会影响燃油效率的因素有哪些？
* 关于海报的布局和内容，你是如何作出设计决策的？

进行下一步骤的条件
学生已进行海报展示完毕，教师和同伴们已经就海报设计、所收集数据的准确性和比率、单位价格的正确使用等方面做了评论。

执行报告	1～2个周期

学生反思教师和同伴们给出的评论，根据他们的建议进行修改。学生要分小组讨论项目，反思收集燃油经济性信息和分析所选车辆具体数据时所采用的策略。要求学生回顾设计曲线图、表格和自驾游计划时对比率和单位价格的应用。每加仑英里数比率是如何帮助他们生成坐标平面曲线图的？单位价格是如何帮助他们计算汽车旅游的费用的？设计和制作海报的哪些方面进展顺利？如果不顺利，如何另辟蹊径？

学习过程形成性量规

界定	以上	
		学生完全理解制作海报和所需细节的期望值。他们已经为所要面对的挑战写出了书面概括。
	以下	

寻根溯源	以上	
		学生已经针对不同类型的汽车和燃油经济性的指标进行了背景调查,熟悉了用来制作海报的图片编辑软件。
	以下	

展望未来	以上	
		学生开始决定海报上展示哪辆车,同时分析燃油经济性与车辆长期费用之间的关系。
	以下	

谋篇布局	以上	
		学生确定了海报要展示哪辆车,为制作海报制订了切合实际的时间线。
	以下	

续表

做给人看（做）	以上	
		学生收集和分析了所定车辆的燃油经济性数据，将该信息融入了海报中，同时考虑了人们的反馈。
	以下	
做给人看（给人看）	以上	
		学生已进行完海报展示，教师和同伴们已经就海报设计、所收集数据的准确性和比率、单位价格的正确使用等方面做了评论。
	以下	

项目量规

4	该生制作出了独一无二、鼓舞人心的海报，条理清晰、易于理解地展示了所选车辆的所有信息，包括燃油经济性数据和其他数据。海报包含了以下所有内容：（1）坐标平面上的曲线图，反映所用燃油与里程之间的比率；（2）根据你的车使用的燃油类型单位比例，反映出预计成本的表格；（3）详细的自驾游计划，其中包括燃油成本的计算。所有信息和计算结果都是100%准确的。海报设计和布局易于理解和解读所给信息。学生能够回答展示时人们提出的所有问题。
3	该生制作出了鼓舞人心的海报，易于理解地展示了所选车辆的所有信息，包括燃油经济性数据和其他数据。海报包含了以下所有内容：（1）坐标平面上的曲线图，反映所用燃油与里程之间的比率；（2）根据你的车使用的燃油类型单位比例，反映出预计成本的表格；（3）详细的自驾游计划，其中包括燃油成本的计算。所有信息和计算结果的准确率是80%。海报设计和布局易于理解所给信息。学生能够回答展示时人们提出的大部分问题。
2	该生制作出的海报易于理解地展示了所选车辆的所有信息，包括燃油经济性数据和其他数据。海报包含了以下所有内容：（1）坐标平面上的曲线图，反映所用燃油与里程之间的比率；（2）根据你的车使用的燃油类型单位比例，反映出预计成本的表格；（3）详细的自驾游计划，其中包括燃油成本的计算。所有信息和计算结果的准确率至少为60%。海报设计和布局可以让人理解所给信息。学生能够回答展示时人们提出的一些问题。
1	该生制作出的海报展示了所选车辆的信息，包括燃油经济性数据和其他数据。海报包含了以下所有内容：（1）坐标平面上的曲线图，反映所用燃油与里程之间的比率；（2）根据你的车使用的燃油类型单位比例，反映出预计成本的表格；（3）详细的自驾游计划，其中包括燃油成本的计算。所有信息和计算结果的准确率低于60%。海报设计和布局让人难以理解所给信息。学生能够回答展示时人们提出的少数问题。

构成要素量规			
4	3	2	1
海报形式			
该生制作出了独一无二、鼓舞人心的海报，条理清晰、易于理解地展示了所选车辆的所有信息。	该生制作出了鼓舞人心的海报，易于理解地展示了所选车辆的所有信息。	该生制作出的海报易于理解地展示了所选车辆的所有信息。	该生制作出了一张海报。
汽车信息			
所收集的关于该车的所有信息都100%准确。	所收集的关于该车的信息中有小错误，但准确率至少为80%。	所收集的关于该车的信息中有错误，但准确率至少为60%。	所收集的关于该车的信息中有错误，且准确率不足60%。
比率和单位的准确性			
所有的比率和单位价格使用准确度都是100%。	比率和单位价格的使用中有小错误，但准确率至少为80%。	比率和单位价格的使用中有错误，但准确率至少为60%。	比率和单位价格的使用中有错误，且准确率不足60%。
曲线图和表格准确性			
以100%的准确度展示所用燃料、里程和预计燃油成本之间的关系。	以至少80%的准确度展示所用燃料、里程和预计燃油成本之间的关系。	以至少60%的准确度展示所用燃料、里程和预计燃油成本之间的关系。	以不足60%的准确度展示所用燃料、里程和预计燃油成本之间的关系。
所用燃料和里程、预计燃油成本之间的关系			
汽车旅游计划所需燃油成本的计算100%准确。	汽车旅游计划所需燃油成本的计算中有小错误，但准确率至少为80%。	汽车旅游计划所需燃油成本的计算中有错误，但准确率至少为60%。	汽车旅游计划所需燃油成本的计算中有错误，且准确率不足60%。

续表

海报设计			
海报设计和布局易于理解和解读所给信息。	海报设计和布局易于理解所给信息。	海报设计和布局可以让人理解所给信息。	海报设计和布局让人难以理解所给信息。
讨论			
学生能够回答展示时人们提出的所有问题。	学生能够回答展示时人们提出的大部分问题。	学生能够回答展示时人们提出的一些问题。	学生能够回答展示时人们提出的少数问题。

课程目标量规——主科

以上	

理解单位比率a/b的概念,其条件为a:b(此处b≠0),并使用比率来描述比例关系问题。

以下	

以上	

利用比率和比例推理来解决现实问题与数学问题。

以下	

以上	

制作数字为整数的当量比表格,找出遗漏值,将值对放到坐标平面上。利用表格来比较比率。

以下	

样品课程 177

续表

以上	
	解决单位比例问题，其中包括涉及单位价格和匀速运动的问题。
以下	
以上	
	利用加减乘除等标准运算法则，熟练地对多位小数进行加减乘除。
以下	

课程目标量规——副科

以上	
加入视觉信息（如图表、曲线图、照片、视频或地图等），辅以书面或数字形式的其他信息。	
以下	
以上	
引用原文中的证据来印证教科书中的详细分析和从教科书中得出的推论。	
以下	
以上	
写出提示性或解释性文本，以检验一个论题，并通过选择、组织和分析相关内容来传达意见、概念和信息。	
以下	

续表

以上		
引入论题；利用概括、分类、对比/比较、因果等策略来组织想法、概念和信息；必要时，利用版式（如标题）、图像（如图表和表格）和多媒体来辅助理解。		
以下		
以上		
用相关事实、定义、具体细节、引语或其他信息和范例来发展论题；利用合理的过渡来分清想法和概念之间的关系。		
以下		
以上		
开展小型调查项目来回答问题（包括自己提出的问题），利用多种途径，提出允许多种探索途径额外的相关、聚焦问题。		
以下		

资料

教师和学习者资料

美国国防部——www.fueleconomy.gov

公司平均燃料经济性概览——http://www.nhsta.gov/cars/rules/café/overview.htm

美国环境保护机构燃油经济性网站——http://www.epa.gov/fueleconomy/index.htm

油车植物燃料系统——http://www.greasecar.com

MIT工程师的飞车——http://web.mit.edu/newsoffice/2009/flying-car-0319.html

化石燃料——http://fossil.energy.gov/index.html

未来燃料——http://www.futurecars.com/future_fuels.html

双车道高速公路旅行——http://www.roadtripusa.com/

汽车节能小贴士——http://www.livestrong.com/article/155836-energy-conservation-tips-for-cars

部落能源和环境信息交流中心——http://teeci.anl.gov/er/conserve/conservevehicle/index.cfm

吾车数据——http://www.mycarstats.com/content/car_fuel_economy_why.asp

如何改善里程油耗？——http://www.improve-gas-mileage-guide.com/

混合型车——http://www.hybridcars.com/

天然气vs柴油vs混合动力
- http://what-when-how.com/energy-engineering/greenhouse-gas-emissions-gasoline-hybrid-electric-and-hydrogen-fueled-vehicles-energy-engineering/
- http://editorial.autos.msn.com/article.aspx?cp-documentid=435228
- http://www.biodieselathome/Gasoline_Prices/Gasoline_Prices_And_Hybrid_Cars.html
- http://www.physorg.com/news10031.html
- http://www.favstocks.com/electric-cars-hybrid-cars-or-high-mpg-gas-powered-cars/0854956/
- http://www.financialnewsline.com/leasing/the-hybrid-car-and-gas-prices/
- http://www.carseek.com/articles/hybrid-vs-gas.html

燃油效率
- http://banktime.com/auto/the-truth-about-fuel-economy/1283/
- http://www.secureonlineorder.net/tpepublic/term-papers/15685_Car_Fuel_Efficiency.pdf

续表

汽油和柴油燃料最新情报——http://www.eia.doe.gov/oog/info/gdu/gasdiesel.asp

公路旅行计算器
- http://www.roadtripamerica.com/fuel-cost-calculator.php
- http://www.tripcalculator.org/

全球地缘政治学
- http://globalgeopolitics.net/

汽车燃油经济性标准
- http://www.rff.org/documents/RFF-DP-10-45.pdf

影响燃油经济性的因素
- http://www.driverside.com/auto-libray/top_10_factors_contributing_to_fuel_economy-317
- http://www.omninerd.com/articles/Improve_MPG_The_Factors_Affecting_Fuel_Efficiency

环境问题中的燃油经济性
- http://environment.about.com/od/fossilfuels/a/fuel_label.htm
- http://www.natramed.com/environment.cars.htm

可用于本单元拓展的问题与构思

培养全球数字居民

※▲○探索未来的汽车能源，弄清楚这些新能源对汽车设计和能源基础设施等方面的影响。

※▲○记录你家里一个月内所使用的燃料、里程和燃油费用。根据你的发现，发表一份报告。

※▲○量化汽车燃油使用，比较总体能源使用、碳排量和其他环境量度。调查能够影响这些量度的其他因素。

○个人责任心 ●全球居民 ▲数字居民 □利他主义的服务精神 ※环境管理

如何利用海报中所展示的信息类型，创建一个比较不同品牌、车型的燃油经济性的网站？

加入视觉信息（如图表、曲线图、照片、视频或地图等），辅以书面或数字形式的其他信息。

如何利用你所收集的有关汽车燃油经济性的信息，来加深你对更多一般性环境问题的理解？

以证据和逻辑论证（如为结果找原因）来建立联系。

汽车燃油经济性对全球地缘政治有哪些影响？

了解科技如何影响文化团体理解事物、使用地点与区域的方式（如空气调节、灌溉等科技对人类开发干旱地区的影响；文化团队对环境解读所做出的改变，如雪地摩托车对因纽特人生活的影响，或沼泽车对沼泽地游客的影响）。

汽车燃油费用的涨落如何影响其他消费品的价格？

理解相对价格及其如何影响人们的决策是市场体系回答基本经济问题的方式：将要提供的商品和服务有哪些？如何提供？购买者是谁？

笔记与想法

八年级 社会研究：随心投

随心投 ——21世纪流畅力项目		社会研究	八年级
		12～15个周期	

重点	概述
强有力的团体在政治学中的角色，宣传活动中的偏见。	学生要通过采访一个组织和考察其宣传材料，研究过去20年里该组织如何支持候选人，并利用其地位来影响选民。之后，学生要为该组织选定一个下一次选举所要支持的潜在候选人，制作说服性电视广告和播客。
重要问题	
哪些重要因素会使候选人最有可能获选？	

教学目标

■ 了解地方、州级和国家级政治重要团体与组织的历史与当代角色（如废奴主义、妇女政权论、工会、民权组织等历史团体；美国劳工联盟、全国教育协会、共同事业组织、妇女选举联盟、绿色和平组织、全国有色人种协进会等宗教组织和现代组织）。	问题解决流畅力
	信息流畅力
■ 理解为什么美国的大部分政治纷争不会像其他国家那样引起分歧（如都尊重宪法及其原则、多样化中的统一、被投票赶下台时愿意放弃权力、愿意利用法律体系来处理争议、改善个人经济条件的机遇等）。	创意流畅力
■ 了解不同地区的人类特征（如宗教、语言、政治、科技、家庭结构、性别等文化特征；人口特征；土地使用；发展程度等）。	媒体流畅力

核心概念框架

◎■媒体中的偏见 ◎说服性语言 　◎说服性写作与演讲 ◎◆图标设计与布局	◎■竞选策略 ◎■政治组织与团体	协作流畅力 全球数字居民
◎语言艺术　◆数学　△科学　■社会研究		

样品课程　185

情境设置

学生要探讨过去20年里一个组织是如何影响政治竞选的，具体来说，就是探讨其宣传中所采用的策略、遣词造句和技术。

高端科技：学生通过网络电话采访组织内的一名成员。他们拟写、制作一个说服性电视广告并录制下来，用数字化方式录制一个播客，以便在新闻发布会上播出。

低端科技：学生通过邮件采访组织内的一名成员。他们拟写、制作一个说服性广告并进行录像，用磁带录制播客，以便在新闻发布会上播出。

无科技：学生当面或电话采访组织内的一名成员。他们拟写、制作并表演出说服性广告，在直播播客里表演，以便在新闻发布会上播出。

情境

总统选举即将来临，电视上的广告铺天盖地。新广告里的信息与昨日相悖的情况每天都在发生。不同组织不断地针对各位候选人发布最新的负面广告。似乎大家唯一能达成一致的，就是越来越难以弄明白该去相信谁了。

你所面临的挑战是，探讨偏见在竞选活动中所扮演的角色。具体而言，就是重要团体总是能左右公众的意见。你所在的小组要选择一个拥有强有力的政治发言权的组织，看看他们是如何在过去的20年时间里支持不同的候选人的。探讨他们宣传活动的各个方面——电视广告、电台广告、印刷材料、社交媒体等——看看他们说服选民时所采用的策略、遣词造句和技术之间有什么关联。与该组织内的一名成员安排一次网络电话、邮件、电话或当面采访。哪些问题是你们组织所关心的？他们如何判断该支持哪位候选人？该组织以何种方式推广或支持他们所相信的候选人？他们的方法一直未变，还是有所进步？在竞选过程中，他们是否改变过方式？若有改变，这种变更是否有效？根据目前的政治环境来判断，该组织的地位是上升了，还是下降了？

利用现有的已宣布或考虑参与总统竞选的人员名单，选择一个你认为该组织会支持的候选人，为这位候选人制作你的第一份宣传，其中要包括说服性电视广告和播客。确保依照该组织过去的风格来制作这些内容。之后，你要召开新闻发布会，宣布候选人，公布竞选材料。

有意隐瞒的信息

学生可能不知道，政治广告并非由候选人自己制作或花钱买来的，而是由支持他们的不同组织操作的；学生还可能不知道，对于某个具体问题，许多组织会支持不同的政党，而且常常是同时支持不同的政党；学生还可能认为，一个组织可能只会表达其对一位候选人的支持，而不会想到该组织还会积极地对抗对手的候选人。

学习过程

探索学习者猜想　　　　　　　　　　　　　　　　1～2个周期

与学生讨论他们认为哪些组织对于政治竞选坚持己见。为什么他们觉得一个组织会支持某位具体的候选人,而非支持某个具体议题?他们认为影响该组织决定支持哪位候选人的因素有哪些?他们认为该组织采用了哪些方法来表示他们的支持?

界定　　　　　　　　　　　　　　　　　　　　　1～2个周期

情境已经展示给学生,学生要做的是探讨过去20年里一个组织如何支持其候选人,如何以其地位来试图影响选民,然后为该组织选择一个在下一次选举中要支持的潜在候选人,再制作一个说服性电视广告和播客。他们还要召开新闻发布会,在新闻发布会上公布竞选材料。各小组任务分配完毕,学生已经选择了所要关注的组织。为了保证学生理解本单元所面对的挑战,你要让他们提交一份书面概括。

进行下一步骤的条件
学生已就相关问题写出了书面概括,其中涵盖了以下内容:探讨过去20年里一个组织如何支持其候选人,如何以其地位来试图影响选民。接着,采访该组织内的一名成员,调查宣传的多种形式,尤其关注其中所使用的策略、遣词造句和技术,还有这些竞选活动的结果。利用这一信息和标准,为该组织选择一位在下一次竞选中所要支持的潜在候选人,再制作一个说服性电视广告和播客。学生还要召开新闻发布会,在新闻发布会上公布竞选材料。

寻根溯源　　　　　　　　　　　　　　　　　　　2～3个周期

在这个阶段,学生探讨了所选组织过去20年时间里对政治候选人的支持和对选民的影响。学生要考察该组织宣传活动的各个方面——电视广告、电台广告、印刷材料、社交媒体等——看看他们说服选民时所采用的策略、遣词造句和技术之间有什么关联。学生与该组织内的一名成员安排一次网络电话、邮件、电话或当面采访。采访中要提及的问题包括:哪些问题是你们组织所关心的?他们如何判断该支持哪位候选人?该组织以何种方式推广或支持他们相信的候选人?他们的方法一直未变,还是有所进步?在竞选过程中,他们是否改变过方式?若有改变,这种变更是否有效?根据目前的政治环境来判断,该组织的地位是上升了,还是下降了?学生还要点明当前的总统候选人(或人们认为、传言可能参与下一次选举的人)。

进行下一步骤的条件
学生已经探讨了所选组织过去20年时间里对政治候选人的支持和对选民的影响。学生考察了其竞选活动,找出了他们说服选民时所采用的策略、遣词造句和技术之间的关联,采访了该组织内的一名成员,并点明了下一次选举的潜在总统候选人。

样品课程　　187

续表

展望未来	1～2个周期
学生现在要开始思考他们认为所选组织会支持的候选人。该候选人的哪些理念或资质使得该组织认为他符合自己的要求？与该组织过去曾支持过的成功候选人相比，这个人如何？围绕着这个候选人，学生要开始依照所选组织的风格，为说服性电视广告和播客制作第一轮竞选宣传材料。他们要尤其关注该组织过去所用的策略、遣词造句和技术。这些具体的策略或技术是否使用起来效果更好？当前事件对所选的策略或语言产生了什么影响？	
进行下一步骤的条件 学生已经选定候选人，确认了为该候选人制作的宣传材料的风格和特性。	
谋篇布局	2～3个周期
学生为说服性电视广告和播客写出剧本。他们要根据形式要求设计和创造所需的生产要素，排练电视广告和播客中的表演。	
进行下一步骤的条件 学生已经写好、选好、准备好说服性电视广告和播客中的所有要素。	
做给人看——做	2～3个周期
学生现在要排练说服性电视广告和播客，若有必要，还应将这个过程录制下来。	
进行下一步骤的条件 学生已经准备好根据所选形式在新闻发布会上展示他们的说服性电视广告和播客。	
做给人看——给人看	2～3个周期
学生现在要在新闻发布会过程中展示其说服性电视广告和播客。	
进行下一步骤的条件 学生已经召开了新闻发布会，展示了其说服性电视广告和播客。	
执行报告	1～2个周期
针对学生对不同竞选活动的反应进行讨论。他们觉得自己对某个特定候选人的观点受到所展示的信息的影响，还是受到展示该候选人时的风格的影响？他们觉得各个组织的主要风格特征是什么？不同组织展示信息的方式差异是否令他们感到惊讶？各个组织是否使用了不同的策略来展示信息？他们对于积极或消极策略的反应比较大，还是对积极或消极词语的反应比较大？	

学习过程形成性量规

界定	以上	
		学生已就相关问题写出了书面概括,其中涵盖了以下内容:探讨过去20年里一个组织如何支持其候选人,如何以其地位来试图影响选民。接着,采访该组织内的一名成员,调查宣传的多种形式,尤其关注其中所使用的策略、遣词造句和技术,还有这些竞选活动的结果。利用这一信息和标准,为该组织选择一个在下一次竞选中所要支持的潜在候选人,再制作一个说服性电视广告和播客。学生还要召开新闻发布会,在新闻发布会上公布竞选材料。
	以下	
寻根溯源	以上	
		学生已经探讨了所选组织过去20年时间里对政治候选人的支持和对选民的影响。学生考察了其竞选活动,找出了他们说服选民时所采用的策略、遣词造句和技术之间的关联,并且采访了该组织内的一名成员。学生点明了下一次选举的潜在总统候选人。
	以下	
展望未来	以上	
		学生已经选定候选人,确认了为该候选人制作的宣传材料的风格和特征。
	以下	

续表

	以上	
谋篇布局		学生已经写好、选好、准备好说服性电视广告和播客中的所有要素。
	以下	
	以上	
做给人看（做）		学生已经准备好根据所选形式在新闻发布会上展示他们的说服性电视广告和播客。
	以下	
	以上	
做给人看（给人看）		学生已经召开了新闻发布会，展示了其说服性电视广告和播客。
	以下	

项目量规	
4	学生细致地探讨了过去20年里一个组织如何支持其候选人并利用其地位来试图影响选民。他们对该组织内的多位成员进行了细致的采访，考察了该组织宣传活动的所有或大部分方面，特别关注了其中所运用的策略、遣词造句和技术以及这些竞选活动的结果。利用这一信息和标准，学生选择了与该组织相得益彰的潜在候选人以支持他参加下一次竞选。学生制作了独一无二、引人入胜、说服性强的电视广告和播客，并在新闻发布会上进行了展示。
3	学生探讨了过去20年里一个组织如何支持其候选人并利用其地位来试图影响选民。他们对该组织内的一位成员进行了细致的采访，考察了该组织宣传活动的大部分方面，特别关注了其中所运用的策略、遣词造句和技术以及这些竞选活动的结果。利用这一信息和标准，学生选择了与该组织相宜的潜在候选人以支持他参加下一次竞选。学生制作了引人入胜、说服性强的电视广告和播客，并在新闻发布会上进行了展示。
2	学生部分探讨了过去20年里一个组织如何支持其候选人并利用其地位来试图影响选民。他们对该组织内的一位成员进行了基本的采访，考察了该组织宣传活动的一些方面，特别关注了其中所运用的策略、遣词造句和技术以及这些竞选活动的结果。利用这一信息和标准，学生选择了还算适合该组织的潜在候选人以支持他参加下一次竞选。学生制作了说服性一般的电视广告和播客，并在新闻发布会上进行了展示。
1	学生并没有探讨过去20年里一个组织如何支持其候选人并利用其地位来试图影响选民。他们对该组织内的一位成员进行了并不细致的采访，考察了该组织宣传活动的小部分方面，特别关注了其中所运用的策略、遣词造句和技术以及这些竞选活动的结果。利用这一信息和标准，学生选择了并不适合该组织的潜在候选人以支持他参加下一次竞选。学生制作了毫无说服性的电视广告和播客，并在新闻发布会上进行了展示。

构成要素量规	4	3	2	1
研究	学生细致地探讨了过去20年里一个组织如何支持其候选人并利用其地位来试图影响选民。	学生探讨了过去20年里一个组织如何支持其候选人并利用其地位来试图影响选民。	学生部分探讨了过去20年里一个组织如何支持其候选人并利用其地位来试图影响选民。	学生并没有探讨过去20年里一个组织如何支持其候选人并利用其地位来试图影响选民。
采访	他们对该组织内的多位成员进行了细致的采访。	他们对该组织内的一位成员进行了细致的采访。	他们对该组织内的一位成员进行了基本的采访。	他们对该组织内的一位成员进行了并不细致的采访。
宣传	考察了该组织宣传活动的所有或大部分方面及这些竞选活动的结果。	考察了该组织宣传活动的大部分方面及这些竞选活动的结果。	考察了该组织宣传活动的一些方面及这些竞选活动的结果。	考察了该组织宣传活动的小部分方面及这些竞选活动的结果。
选择候选人	学生选择了与该组织相得益彰的潜在候选人以支持他参加下一次竞选。	学生选择了与该组织相宜的潜在候选人以支持他参加下一次竞选。	学生选择了还算适合该组织的潜在候选人以支持他参加下一次竞选。	学生选择了并不适合该组织的潜在候选人以支持他参加下一次竞选。
广告与播客	学生制作了独一无二、引人入胜、说服性强的电视广告和播客,并在新闻发布会上进行了展示。	学生制作了引人入胜、说服性强的电视广告和播客,并在新闻发布会上进行了展示。	学生制作了说服性一般的电视广告和播客,并在新闻发布会上进行了展示。	学生制作了毫无说服性的电视广告和播客,并在新闻发布会上进行了展示。

课程目标量规——主科

	以上	

了解地方、州级和国家级政治重要团体与组织的历史与当代角色（如废奴主义、妇女政权论、工会、民权组织等历史团体；美国劳工联盟、全国教育协会、共同事业组织、妇女选举联盟、绿色和平组织、全国有色人种协进会等宗教组织和现代组织）。

	以下	
	以上	

理解为什么美国的大部分政治纷争不会像其他国家那样引起分歧（如都尊重宪法及其原则、多样化中的统一、被投票赶下台时愿意放弃权力、愿意利用法律体系来处理争议、改善个人经济条件的机遇等）。

	以下	
	以上	

了解不同地区的人类特征（如宗教、语言、政治、科技、家庭结构、性别等文化特征；人口特征；土地使用；发展程度等）。

	以下	

续表

以上	
	理解在任何一个社会中,关于哪种行为"令人无法接受",人们通常会有一个广泛的一致看法,但用于判断行为的标准因情境和不同团体而异,可能随着时间和不同政治、经济环境而改变。
以下	

课程目标量规——副科

以上	

了解使用网络的礼仪规范。

以下	

以上	

使用包括网络在内的科技来协作和发布文章,有效地展示信息与构思之间的关系,同时与其他人互动和协作。

以下	

以上	

以八年级的话题、教科书和问题等为中心,与不同的同伴有效地参与多种协作式讨论(一对一讨论、分组讨论和教师引导的讨论),根据他人的观点,清楚地表达个人观点。

以下	

续表

以上	
	在写作和说话中展示对标准英语语法规则和使用的掌握。
以下	

资料

教师和学习者资料

史上最强大的政治团体与派系
- http://www.lonympics.co.uk/worldsmostpowpolgroup.htm

现代日本政府：日本政治中的利益团体
- http://afe.easia.columbia.edu/at/jp_interest/govigi02.html

偏见与宣传
- http://hawaii.hawaii.edu/wwwreading/021R/spring2003/Biasandpropaganda/01.htm

宣传并非偏见
- http://rhetorica.net/archives/7439.html

偏见的类型
- http://fnopress.com/OWL/owl3.htm

作为竞选组织的政党
- http://arts.anu.edu.au/sss/abjorensen/pols2067/farrell_webb.pdf

史上十佳政治广告
- http://blog.constitutioncenter.org/10-best-political-advertisements-of-all-time-presidents-edition/

选举活动、党派平衡和新闻媒体
- http://www.hks.harvard.edu/fs/pnorris/Acrobat/WorldBankReport/Chapter%207%20Semetko.pdf

媒体偏见对政治的影响
- http://elsa.berkeley.edu/~sdellavi/wp/mediabiaswb07-06-25.pdf

政治学中的媒体偏见
- http://www.helium.com/knowledge/129423-the-media-bias-in-politics

大众媒体与政治：影响力之分析
- http://www.progressiveliving.org/mass_media_and_politics.htm

电影明星是否会影响到我们的政治言论？
- http://ezinearticles.com/?Do-Movie-Stars-Influence-Our-Political-Opinions?&id=5310493

网络对政治与选举进程的影响
- http://myseniorprojectisablog.wordpress.com/my-essays/the-internets-influence-on-politics-and-the-election-process/

续表

政治影响
- http://www.123helpme.com/view.asp?id=157515

媒体对政治学、选举和竞选的影响
- http://www.associatedcontent.com/article/443975/the_influence_of_the_media_in_politics.html?cat=9

利益团体与公众意见
- http://www.google.com.ph/url?sa=t&source=web&cd=2&ved=0CCMQFjAB&url=http%3A%2F%2Fwww.pgcps.org%2F~croom2%2FInterest%2520Groups%2520and%2520Public%2520Opinion.ppt&ei=daolTovGF8OOmQWF96H8CQ&usg=AFQjCNHMaGtqqodGlZmObQqkSJ59pYV82Q

利益团体的作用
- http://www.ait.org.tw/infousa/zhtw/DOCS/Demopaper/dmpaper9.html

今日之利益团体
- http://xroads.virginia.edu/~ma98/pollklas/thesis/techniques.html

宣传
- http://en.wikipedia.org/wiki/Propaganda
- http://themes.pppst.com/propaganda.html

宣传技术
- http://www.buzzle.com/articles/examples-of-propaganda-techniques.html
- http://www.ehow.com/info_8618687_types-political-propaganda-techniques.html
- http://library.thinkquest.org/C0111500/proptech.htm

美国宣传活动之控制波多黎加公众言论
- http://www.muralmaster.org/writings/AmerProp/index.html

宣传——宣传、外交和国际公众言论
- http://www.americanforeignrelations.com/O-W/Propaganda-Propaganda-diplomacy-and-international-public-opinion.html

宣传与对政治的理解
- http://www.globalresearch.ca/index.php?context=va&aid=5058

媒体在政治竞选活动中的作用
- http://www.ericdigests.org/1992-3/role.htm

政治竞选与社交网络
- http://mediaissues.files.wordpress.com/2010/05/political-campaigns-and-social-networking.pdf

- http://trace.tennessee.edu/cgi/viewcontent.cgi?article=2442&context=utk_chanhonoproj

现代宣传的崛起
- http://mason.gmu.edu/~amcdonal/Rise%20of%20Modern%20Propaganda.html

宣传还是推广
- http://html.rincondelvago.com/propaganda-electoral.html

纳粹的十大罪恶宣传技术
- http://brainz.org/10-most-evil-propaganda-techniques-used-nazis/

史上破坏力最严重的宣传，其目标就是普通大众
- http://mandelman.ml-implode.com/2011/05/the-most-damaging-propaganda-campaign-in-history-and-its-aimed-at-you-and-me/

宣传与说服之间的区别
- http://www.ehow.com/info_8635343_differences-between-propaganda-persuasion.html

政治竞选中的媒体：电视广播依然是主要途径
- http://www.campaignsandelections.com/publications/campaign-election/2011/february-2011/Media-Buying-in-Political-Campaigns-Broadcast-Television-Remains-King

政治竞选衡量社会媒体的五个途径
- http://www.associatedcontent.com/article/5652948/5_ways_political_campaigns_should_measure.html?cat=59

利用社交媒体进行政治竞选的八个温馨提示
- http://www.almostsavvy.com/2011/06/16/8-tips-for-using-social-media-for-political-campaigns/

政治竞选中新媒体的利用
- http://www.slideshare.net/sgranger/using-new-media-in-political-campaigns

维基百科：竞选广告
- http://en.wikipedia.org/wiki/Campaign_advertising

契约形式的宣传
- http://samvak.tripod.com/strikes.html

媒体偏见与影响：报业的支持就是证据
- http://restud.oxfordjournals.org/content/78/3/795.full

续表

获得报业的支持是否值得候选人为之争取？
http://blogs.wsj.com/capitaljournal/2010/09/15/is-winning-newspaper-endorsements-worth-a-candidate%E2%80%99s-effort/

对支持政治候选人的教派的谨慎对待
- http://www.gci.org/ethics/caution

支持候选人。非法。如何做到。
- http://www.blueavocado.org/node/641

候选人所获支持是否重要？
- http://www.onlinecandidate.com/articles/do-candidate-endorsements-matter

可用于本单元拓展的问题与构思

培养全球数字居民

□○根据你所做的调研,选择一个你相信的组织或政治候选人,并为其效劳。
▲○为下一次选举制作一份关于所有候选人的不带偏见的信息手册,帮助他人理解所有议题,以免受不同组织的影响。

　　　　○个人责任心　●全球居民　▲数字居民　□利他主义的服务精神　※环境管理

探讨不同政治党派各自的宣传活动。他们的策略是如何随着时间而发生改变的?

了解20世纪极权政权的意识形态、政策和统治方法,比较其与现代民主政权和较早几个世纪的专制政权的区别。

了解世俗意识形态(如国家主义、法西斯主义、工厂主义和唯物主义等)挑战(或者被挑战)现有宗教和道德体系的方式。

探讨媒体与科技是如何在过去的50年时间里影响政治竞选的(自约翰·F.肯尼迪和理查德·尼克松两位候选人的第一次电视竞选伊始)?

了解全球文化的形成(如电子通信、国际市场和20世纪后期流行的"全球文化"之兴起这三者之间的联系;现代艺术是如何表达和反映社会变革、政治变革的,又是如何被国际化的)。

代表政治候选人来制作竞选宣传内容时要遵守哪些规则和规定?

了解公众议题是如何受到政治领袖、利益团体和州级、国家级法庭的影响的;了解公民个人可以如何参与到影响公众议题的过程中(如通过加入利益团体和政党,参与公众集会,向政府官员和报纸写信等)。

了解新闻媒体的自由在政治体系中知情参与的重要性;了解电视、电台、新闻、简报和各种新兴电子通信方式对美国政治的影响。

续表

探讨报纸与媒体渠道之间以及二者对候选人或组织提供支持之间的区别。一份报纸会提供怎样的支持或宣传，而一个组织又会提供怎样的支持或宣传？影响一个媒体渠道去选择一位能够支持的候选人的因素有哪些？
了解新闻媒体的自由在政治体系中知情参与的重要性；了解电视、电台、新闻、简报和各种新兴电子通信方式对美国政治的影响。
选择一位任职20年以上的政治家。探讨他们的竞选纲领在不同竞选活动中是如何变化的。如果该政治家职位发生了变化（例如，从州议员升任联邦议员），这一变化又是如何影响其宣传活动的？
了解媒体为公众监督政府的行为提供了机遇（如将国会、法庭、公务员新闻发布会等政府机构的办公过程通过电视播放），并且就当前问题表示关心，摆明立场（例如，写给编辑的信、脱口秀、"评论文章"和公众意见投票等）。

笔记与想法

十年级　语言艺术：伪纪录片

伪纪录片 ——21世纪流畅力项目		语言艺术	十年级
		10～12个周期	

重点	概述
调研与阅读、纪实、数字电影制作	在本课中，学生选择一个感兴趣或与自身有关的话题，围绕该话题制作一个完整的纪录片。他们要了解调研和制作中所涉及的步骤，进一步了解如何设计纪录片，才能让它既能提供信息，又能引人入胜。
重要问题	
针对某一重大话题制作纪录片时，幕后都有哪些行为？	

教学目标	
◎ 利用高超的技术、精心选择的细节和结构合理的事件顺序来写记叙文，表达真实或虚构的经历或事件。	问题解决流畅力
◎ 利用包括网络在内的科技来制作、发布个人或共同写就的文章，使其富有现代化气息，利用科技的力量来寻找与其他信息的联系，同时生动活泼地展示信息。	信息流畅力
◎ 以九～十年级的话题、教科书和议题等为中心，发起并积极参与多个同伴、多种类型的协作讨论（一对一讨论、分组讨论和教师引导的讨论），借鉴他人想法，表达个人想法。	创意流畅力
◎ 在展示中合理利用数字媒体（如文本、图表、音频、视频和交互等元素），加强对发现成果、推理过程和证据的理解，同时提高观众兴趣。	媒体流畅力
◎ 写出提供信息或解释性文本，其中包括历史事件、科学方法或实验或技术步骤等的叙述。	协作流畅力

核心概念框架		
◎叙述文或脚本书写 ◎纪录片	◎◆视频编辑 ◎◆数字电影制作	全球数字居民
◎语言艺术　　◆数学　　△科学　　■社会研究		

情境设置

学生以所选话题为中心，制作一个10～20分钟的纪录片。

高端科技：学生使用摄影设备和编辑软件等数字方式来拍摄、编辑纪录片。

低端科技：学生将脚本读出并录制下来，以音频的方式展示。

无科技：学生以口头方式念出脚本，辅以照片或插图，作为强调。

情境

纪录片是影视制作的一个独特分类。它展示了对某一特定话题的丰富知识，而且总是关乎制作者的激情或深切关怀所在。回想一下你在电视上看过并且非常喜欢的纪录片。是哪个方面让你"赞叹"？

你和一群朋友要开始一个野心勃勃的项目。选择一个感动你、激励你或让你兴奋不已的话题或主题，以此为中心制作一个属于你自己的纪录片。这个中心可以是一个所认识的特别的人或地方，也可以是你所喜欢的运动或爱好；可以是将要或已经在你学校发生的特殊活动乃至事件；可以是所在城市里某处历史底蕴丰富的特别区域；或者你也可以决定去挑战更具内涵或更具挑战性的主题。

不管你决定以何为中心，你的整个团队都将踏上一次充满乐趣和冒险的调研、获取事实的旅程。你要通过阅读、写作、照片、记录、采访和视频片段等方式，收集和分析有关话题的信息和数据。你还要探讨将一部纪录片从构思变为成品的激动人心的过程。当每个学生小组都得到一个特别的"调研日"来寻找与话题相关的内容时，这很可能成为一个实地考察式的项目。

你的纪录片成品长度要在10～20分钟以内。你可以选择使用摄像机来摄制你的展示，也可以利用演示软件、原创照片和视频片段来进行数字制作。在合适的地方插入现场视频、原创照片和采访，以拓展维度，提高兴趣，其目的在于让你的作品具有真正的纪录片的模式。你要把有关小组选定主题的表演和调研脚本做成画外音旁白，参与制作的所有团队成员都要露面。

有意隐瞒的信息

学生要调研纪录片拍摄和制作的不同方面。他们需要着重关注纪录片与其他影视制作风格的不同点。在自己制作时，他们还要特别注意不同导演的视觉风格。

学习过程

探索学习者猜想　　　　　　　　　　　　　　　　　　　　1～2个周期

本课开始时，观看并讨论涉及一个或多个包含不同话题的纪录片样本。接着讨论学生对于这些话题的哪些方面感到令人信服（或令人厌烦）。让他们以同样的批判眼光来审视纪录片是如何被导演风格化的，并以导演为什么选择该主题、制作这部电影时可能遇到或遭受的事情等为中心，进行持续的讨论。

界定　　　　　　　　　　　　　　　　　　　　　　　　　1～2个周期

学生已经参与了有关重要问题的讨论，现在可以看看课时挑战的提纲了。他们意识到自己需要提交一份有关挑战的书面概括，表明自己对所要做的事情已经有了明确了解。他们将分小组以热爱的或对他们至关重要的话题为中心，制作一个原创纪录片。这个项目可以通过数字软件来拍摄或制作，然后进行展示。学生要以画外音旁白的方式涵盖其调研后的书面脚本，还要加入原创照片、视频乃至采访，以达到最佳效果。

进行下一步骤的条件
以小组为单位，学生已经提交了课时挑战的书面概括，其中包括以下内容：
* 以学生热爱或对他们至关重要的话题为中心的原创纪录片列出提纲并草拟一个脚本。
* 利用舞台布景和演员来拍摄纪录片，或者完全以数字方式制作。
* 以画外音旁白的形式涵盖其调研后的书面脚本。
* 加入原创照片、视频乃至采访，以达到最佳效果。
* 确保成品时长至少为5～8分钟。

寻根溯源　　　　　　　　　　　　　　　　　　　　　　　1～2个周期

学生分成小组，开始就纪录片制作幕后的艺术与科学元素进行调研，目的是找出并收集各种话题如何被选择、研究以及电影制作步骤的相关信息。他们必须思考纪录片与其他类型电影的制作有何不同之处。引导他们用心去关注某个题材是如何探讨和展示的。他们需要思考不同电影导演的风格和形式，乃至以其他纪录片为主题而拍摄的纪录片。这些方面的信息是十分丰富的，所以学生应该会收集到大量原材料，以便用于展示。

进行下一步骤的条件
学生已经就纪录片制作及其特征、概念等做了周密的调研。他们收集了有关纪录片如何探讨、制作等方面的信息和资料，并已准备好展望自己的纪录片。

展望未来　　　　　　　　　　　　　　　　　　　1～2个周期

你知道自己对某种东西有着狂热的激情，现在你有机会向他人讲讲它以及它为什么如此重要，为什么值得人们去关注。你和你的朋友将会把原创纪录片作为传达你们思想的工具。那么，你想制作一部关于什么的电影呢？你想把这个话题的哪个方面展示给观众，为什么？你将如何利用自己独特的视觉风格和方式，来写出既具有娱乐性，又能提供信息，启迪人们的思想乃至行动的脚本呢？制作一部真正伟大的、令人难忘的纪录片的大好机会就摆在你面前。

进行下一步骤的条件
学生已经分成小组，各自选择了纪录片的主题。他们已经构思、讨论了如何从视觉和说明的角度来展示材料。

谋篇布局　　　　　　　　　　　　　　　　　　　1～2个周期

学生小组现在要对话题进行探讨，然后写一些东西。他们要利用寻根溯源阶段所学到的东西，给纪录片项目列出大纲并详尽阐明。若有必要，他们要找出地点、拍摄视频、录制采访、拍照、制作原创插图等。他们还需要写出脚本，按要求进行编辑和修改。他们要严格遵守之前拟定的时间线，各人都要切实负起责任。

进行下一步骤的条件
学生小组已经开始着手纪录片项目，在自行拟定的时间线指导下进行各个阶段。

做给人看——做　　　　　　　　　　　　　　　　2～3个周期

通过最后的修改、增删或编辑，学生给他们的项目进行最后一次调整。到这一阶段结束时，他们已经准备好将项目展示给班级其他人。

进行下一步骤的条件
各个学生小组已经完成了本课界定阶段概述出来的纪录片项目。他们在这个阶段已经完成了修改和编辑，做好了展示项目、听取评价的准备。

续表

| 做给人看——给人看 | 2~3个周期 |

各小组要将其项目展示给班级其他人,听取评论与评估。以下是各展示需要考虑的几个要点:
* 学生所选定的媒介(电影、动画、幻灯片或口头表演等)的使用程度如何?
* 他们对主题的了解程度如何?
* 他们的视觉风格有何独特或吸引人之处?
* 他们使用了哪些元素(照片、插图、采访和动画等)?
* 他们选择强调了主题的哪些概念?

进行下一步骤的条件
各小组向班级其他人展示了其纪录片项目,收到了反馈和评估信息。

| 执行报告 | 1~2个周期 |

学生借此机会反思制作纪录片所涉及的各个方面。他们讨论从电影制作中学到的东西,对那些使得纪录片栩栩如生的过程产生了新的理解。既然纪录片主要用于提供信息和教育,那就让学生反思一下自己的项目。他们觉得自己对主题的展示如何?让他们分享一下哪些方面奏效,哪些方面不奏效。然后,再让他们用同样的办法进行其他项目,分享一下从中学到的东西。让学生讨论一下他们从其他人展示过程中可能学到的风格与方法。

学习过程形成性量规

界定	以上	
	以小组为单位,学生已经提交了课时挑战的书面概括,其中包括以下内容: ＊ 以学生热爱或对他们至关重要的话题为中心的原创纪录片列出提纲并草拟一个脚本。 ＊ 利用舞台布景和演员来拍摄纪录片,或者完全以数字方式制作。 ＊ 以画外音旁白的形式涵盖其调研后的书面脚本。 ＊ 加入原创照片、视频乃至采访,以达到最佳效果。 ＊ 确保成品时长至少为5~8分钟。	
	以下	
寻根溯源	以上	
	学生已经就纪录片制作及其特征、概念等做了周密的调研。他们收集了有关纪录片如何探讨、制作等方面的信息和资料,并已准备好展望自己的纪录片。	
	以下	
展望未来	以上	
	学生已经分成小组,各自选择了纪录片的主题。他们已经构思、讨论了如何从视觉和说明的角度来展示材料。	
	以下	

续表

谋篇布局	以上	
		学生小组已经开始着手纪录片项目，在自行拟定的时间线指导下进行各个阶段。
	以下	
做给人看（做）	以上	
		各个学生小组已经完成了本课界定阶段概述出来的纪录片项目。他们在这个阶段已经完成了修改和编辑，做好了展示项目、听取评价的准备。
	以下	
做给人看（给人看）	以上	
		各小组向班级其他人展示了其纪录片项目，收到了反馈和评估信息。
	以下	

项目量规	
4	小组成员为他们的纪录片选择了一个真正感兴趣的话题。他们展示出了对主题的细致调研。为了提高展示的吸引力，引起大家的兴趣，他们结合了多种媒体。整个项目运行流畅，结构良好。他们的纪录片脚本写得非常好，阐明了主题。他们准确、明白地回答了所有问题。
3	小组成员为他们的纪录片选择了一个感兴趣的话题。他们展示出了对主题的调研。为了提高展示的吸引力，引起大家的兴趣，他们结合了一些媒体。整个项目运行还算流畅，结构良好。他们的纪录片脚本写得挺好，阐明了主题。他们准确、明白地回答了大部分问题。
2	小组成员为他们的纪录片选择了一个还算感兴趣的话题。他们展示出了对主题的一些调研。为了提高展示的吸引力，引起大家的兴趣，他们结合了某些媒体。整个项目运行和结构都略显不足。他们的纪录片脚本写得尚可，基本阐明了主题。他们准确、明白地回答了一些问题。
1	小组成员没有为他们的纪录片选择感兴趣的话题。他们展示出了对主题的少量调研。为了提高展示的吸引力，引起大家的兴趣，他们结合了极少媒体。整个项目运行极不流畅，结构极差。他们的纪录片脚本写得非常不好，模糊地阐述了主题。他们准确、明白地回答了少数问题。

构成要素量规	4	3	2	1
话题	小组成员为他们的纪录片选择了一个真正感兴趣的话题。	小组成员为他们的纪录片选择了一个感兴趣的话题。	小组成员为他们的纪录片选择了一个还算感兴趣的话题。	小组成员没有为他们的纪录片选择感兴趣的话题。
调研	他们展示出了对主题的细致调研。	他们展示出了对主题的调研。	他们展示出了对主题的一些调研。	他们展示出了对主题的少量调研。
媒体	为了提高展示的吸引力，引起大家的兴趣，他们结合了多种媒体。	为了提高展示的吸引力，引起大家的兴趣，他们结合了一些媒体。	为了提高展示的吸引力，引起大家的兴趣，他们结合了某些媒体。	为了提高展示的吸引力，引起大家的兴趣，他们结合了极少媒体。
流畅性与结构	整个项目运行流畅，结构良好。	整个项目运行还算流畅，结构良好。	整个项目运行和结构都略显不足。	整个项目运行极不流畅，结构极差。
脚本	他们的纪录片脚本写得非常好，阐明了主题。	他们的纪录片脚本写得挺好，阐明了主题。	他们的纪录片脚本写得尚可，基本阐明了主题。	他们的纪录片脚本写得非常不好，模糊地阐述了主题。
讨论	他们准确、明白地回答了所有问题。	他们准确、明白地回答了大部分问题。	他们准确、明白地回答了一些问题。	他们准确、明白地回答了少数问题。

课程目标量规——主科

以上	
利用高超的技术、精心选择的细节和结构合理的事件顺序来写记叙文，表达真实或虚构的经历或事件。	
以下	
以上	
利用包括网络在内的科技来制作、发布个人或共同写就的文章，使其富有现代化气息，利用科技的力量来寻找与其他信息的联系，同时生动活泼地展示信息。	
以下	
以上	
以九～十年级的话题、教科书和议题等为中心，发起并积极参与多个同伴、多种类型的协作讨论（一对一讨论、分组讨论和教师引导的讨论），借鉴他人想法，表达个人想法。	
以下	

续表

以上		
	在展示中合理利用数字媒体（如文本、图表、音频、视频和互动元素等），加强对发现成果、推理过程和证据的理解，同时提高观众兴趣。	
以下		
以上		
	写出提供信息或解释性文本，其中包括历史事件、科学方法、实验或技术步骤等的叙述。	
以下		
以上		
	判断一段文本的主旨或中心思想，仔细分析其在文本中的发展，其中包括如何出现、成形并受具体细节的推动；为该文本提供一个客观总结。	
以下		

续表

以上	
在分析实质性话题或文本的过程中写出论据以支撑论点，要利用有效推力和相关的、足够的论据。	
以下	
以上	
在书写或讲话中展示对标准英语语法和使用规范的掌握。	
以下	

课程目标量规——副科

以上	

分析具体历史事件会如何因新发现的记载和（或）信息而产生不同的理解。

以下	

以上	

了解艺术的特性在某个特定历史时期或风格中的变化，还有这些特性与其他学科中的理念、问题或主题是如何相互联系的。

以下	

以上	

了解个人经历会如何影响对不同艺术形式的解读。

以下	

续表

以上		
将生产概念和技能（如试制、指导、制作和日程安排）应用到不同媒体上去（如剧院、电影、电视、电子媒体等）。		
以下		
以上		
理解地点和区域为什么对于个人身份识别如此重要，并且能够用作团结或分裂社会的象征（如归属感、忠诚或种族根源；地名的象征意义，如耶路撒冷作为穆斯林、基督徒和犹太人的圣城）。		
以下		
以上		
了解如何评估历史资料的可信度与真实性。		
以下		

续表

以上	

评估不同历史解读的逻辑性与真实性。

以下	

以上	

拟写富有想象力的剧本,同时向观众讲述故事和传情达意。

以下	

以上	

了解相似的主题在不同文化和历史时期的戏剧中如何表达的。

以下	

续表

以上	
	了解如何在不同软件程序之间输入和输出文本、数据和图表。
以下	

资料

教师和学习者资料

有关观看不适者的文章
- http://www.guardian.co.uk/media/organgrinder/2009/jun/24/jana-bennett-bbc
- http://simchafisher.wordpress.com/2010/07/07/if-the-movie-offends-thee/
- http://www.guardian.co.uk/media/organgrinder/2009/jun/24/bbc-standards-report-blog
- http://mediaandreligion482.blogspot.com/2010/09/are-screenwriters-religious.html

幕后纪录片
- http://www.themotionfactory.com/index.php?option=com_content&view=article&id=28:behind–the–scenes–documentary&catid=3:projed–examples&ltemid=3

纪录片的五个要素
- http://www.dvworkshops.com/newsletters/fiveelements.html

范例：极速冲浪——动画纪录片的制作
- http://www.imageworks.com/ipax/docs/Siggraph2007SurfsUpCourseNotes.pdf

如何撰写纪录片的脚本
- http://portal.unesco.org/ci/en/files/24367/11757852251documentary_script.pdf/documentary_script.pdf

伪纪录片
- http://www.wowessays.com/dbase/ac3/ena134.shtml

电影是否影响了我们的文化？
- http://www.helium.com/items/2092428-have-movies-affected-our-culture

电影史
- http://en.wikipedia.org/wiki/History_of_film

短片的重要性：过去与现在
- http://www.timeimage.org.uk/feature_the_importance_of_short_film.html

独立电影策略
- http://www.atarh.com/martini-quickshot-creator-storyboard-strategies-for-independent-films.html
- http://www.filmproposals.com/Attract-Film-Investors.html
- http://www.peterbroderick.com/writing/writing/ultralowbudgetmoviemaking.html

十年里50部顶级纪录片（附预告片）
- http://www.thedocumentaryblog.com/index.php/2010/01/05/the-documentary-blogs-top-25-documentaries-of-the-decade/

十年里最佳纪录片
- http://www.pastemagazine.com/blogs/lists/2009/11/the-25-best-documentaries-of-the-decade-2000-2009.html
- http://theplaylist.blogspot.com/2009/12/playlists-best-documentaries-of-decade.html
- http://popcultureninja.com/2010/06/14/top-25-documentaries-of-the-last-decade/
- http://documentaries.about.com/od/recommendeddocumentaries/tp/Best_Documentaries_of_the_2000s.htm
- http://www.incilin.com/?p=2699

有文化还不够：21世纪数字信息时代的流畅力

可用于本单元拓展的问题与构思
培养全球数字居民
▲○以对学校或环境至关重要的问题为中心，举办一场最佳学生摄制纪录片的比赛。 □▲支持当地电影制作人以他们和社区感兴趣的问题为拍摄对象。 □※○邀请电影制作人到课堂上做客座讲师，或者与他们及其职员共同开发、制作一个特殊节目，让大家关注一个具有吸引力和重要性的问题。 ▲○为其他学生提供影视制作和纪录片工作室，将信息和设计过程放到网站上共享，或者与不同社区、不同国家的其他学校协作。
○个人责任心　●全球居民　▲数字居民　□利他主义的服务精神　※环境管理
导演的态度和方法为何会有可能激怒或疏远某些观众？
要明白，人们有时候应用错误的逻辑来看待真命题，或者应用正确的逻辑来看到假命题，同样都会得到错误的结论。 明白逻辑可以用于检测人和一般规则是否奏效。
从世界上第一部影片到目前的影片来看，为什么电影对于我们的文化变得如此重要？
了解艺术作品的视觉价值、空间价值、世俗价值和功能价值是如何被文化和历史干预的。 了解与艺术作品特性和目的相关的历史和文化背景。
业余或不太知名的电影制作人需要遵从哪些策略，才能推广他们的短片或独立电影，让其出现在大成本的竞争市场上？
了解企业家精神与对个人未来负责的能力相关，也与提出富有创意的想法并开发出来，以坚决的姿态去实施它们的能力相关。

续表

讨论一下过去十年里一些所谓的最佳纪录片。
了解新闻媒体的自由在政治体系中知情参与的重要性；了解电视、电台、新闻、简报和各种新兴电子通信方式对美国政治的影响。
选择一位任职20年以上的政治家。探讨他们的竞选纲领在不同竞选活动中是如何变化的。如果该政治家职位发生了变化（例如，从州议员升任联邦议员），这一变化又是如何影响其宣传活动的？
了解元素、材料、技术、艺术过程（如想象和技艺）和组织原则（如统一与多样化、重复与比较）在不同艺术形式中相同或相异的应用方式。 从艺术作品创作的历史和文化背景的角度来进行评判（以古典时期其他作曲的角度来评判莫扎特的作曲）。

有文化还不够：21世纪数字信息时代的流畅力

笔记与想法

参考文献

Anderson, L. & Krathwohl, D. (2001). *A taxonomy for learning, teaching and assessing—A revision of Bloom's taxonomy of educational objectives.* New York: Longman.

Adams, S. (1996). *The Dilbert principle: A cubicle's-eye view of bosses, meetings, management fads & other workplace afflictions.* New York: Harper Collins.

Bauerlein, M. (2008). *The dumbest generation: How the digital age stupefies young Americans and jeopardizes our future (Or, don't trust anyone under 30).* New York: Tarcher.

Buck Institute for Education. (2003). *Project based learning handbook: A guide to standards-focused project-based learning for middle and high school teachers* (2nd ed.). Novato, CA.

Burmark, L. (2002). *Visual literacy: Learn to see, see to learn.* New York: ASCD.

Canton, J. (2006). *The extreme future: The top trends that will reshape the world for the next 5, 10, and 20 years.* New York: Penguin.

Carter, R. (2009). *The human brain book: An illustrated guide to its structure, function and disorders.* London: Dorling Kindersley.

Crossman, W. (2004). *VIVO: The coming age of talking computers.* Oakland, CA: Regent Press.

Dryden, G. & Vos, J. (2009). *Unlimited: The new learning revolution and the seven keys to unlock it.* Auckland, New Zealand: The Learning Web.

Florida, R. (2002).*The rise of the creative class: And how it's transforming work, leisure, community, and everyday life*. New York: Basic Books.

Friedman, T. (2005). *The world is flat: A brief history of the twenty-first century*. New York: Farrar, Straus and Giroux.

Friedman, T. (2008). *Hot, flat, and crowded: Why we need a green revolution and how it can renew America*. New York: Farrar, Straus and Giroux.

Gardner, H. (1983). *Frames of mind: Theories of multiple intelligences*. New York: Basic Books.

Garreau, J. (2005). *Radical evolution: The promise and peril of enhancing our minds, bodies—and what it means to be human*. New York: Random House.

Glasser, W. (1998). *The quality school*. New York: Harper.

Glatthorn, A. (1987). *Curriculum Leadership* (Good Year Book). New York: Scott Foresman & Co., p. 237.

Godin, S. (2011). *Linchpin: are you indispensible*? New York: Portfolio Trade.

Goodstein, A. (2007). *Totally wired: What teens and tweens are really doing online*. New York: St. Martin's Griffin.

Harvard Business Review. (2004). *Breakthrough ideas for 2004*. Cambridge, MA: Harvard Business School Publishing Company.

Hill, J. (2008, October). YouTube surpasses Yahoo! as world's #2 search engine. TG Daily, October 17. Retrieved from http://www.tgdaily.com/trendwatch-features/39777-youtube-surpasses-yahoo-as-world's-2-search-engine

Hirsch, E. D. (1988). *Cultural literacy: What every American needs to know*. New York: Vintage Books.

Jensen, E. (1997). *Completing the puzzle: The brain-compatible approach to learning*. Del Mar, CA: The Brain Store.

Jensen, E. (2008). *Super teaching: Over 1000 practical strategies*. Press, p..42. Thousand Oaks, CA: Corwin.

Johnson, S. (2005). *Everything bad is good for you: How today's popular culture is actually making us smarter*. New York: Riverhead.

Jukes, I., McCain, T., & Crockett L. (2010). *Living on the future edge: Windows on tomorrow*. Kelowna, BC: 21st Century Fluency Project.

Kandel, E. (2006). *In search of memory: The emergence of a new science of mind*. London: W.W. Norton.

Kelly, F., McCain, T., & Jukes, I. (2008). *Teaching the digital generation: No more cookie-cutter high schools*. Thousand Oaks, CA: Corwin.

Kolb, L. (2008). *Toys to tools: Connecting student cell phones to education*. Eugene, OR: ISTE.

Kurzweil, R. (2005). *The singularity is near: When humans transcend biology*. New York: Viking Press.

Marzano, R. (1998). *A theory-based meta-analysis of research on instruction*. Aurora, CO: Mid-Continent Regional Educational Laboratory.

Marzano, R. (2003). *What works in schools: Translating research into action*. ASCD: Alexandria, VA.

McCain, T. (2005). *Teaching for tomorrow: Teaching content and problem-solving skills*. Thousand Oaks, CA: Corwin.

McCain, T. & Jukes, I. (2000). *Windows on the future: Education in the age of technology*. Thousand Oaks, CA: Corwin.

McLuhan, M. (1964). *Understanding media: The extensions of man*. Boston: MIT Press.

Mead, M. (1968). *Continuities in cultural evolution*. New Haven, CT: Yale University Press.

Medina, J. (2008). *Brain rules: 12 principles for surviving and thriving at work, home, and school*. Seattle, WA: Pear Press.

Naisbitt, J. (2006). *Mind set!: Reset your thinking and see the future*. New York: HarperBusiness.

Nielsen, J. & Loranger, H. (2006). *Prioritizing web usability*. Berkley: New Riders Press.

Neisser, U., & Hyman, Y. (1999). *Memory observed: Remembering in natural contexts*. (2nd ed.). New York: Worth Publishing.

Peters, T. & Waterman, R. H. (2004). *In search of excellence: Lessons from America's best-run companies*. New York: Harper Collins.

Pink, D. (2001). *Free agent nation—The future of working for yourself*. Chicago: Business Plus.

Pink, D. (2005). *A whole new mind: Moving from the information age to the conceptual age*. New York: Riverhead.

Prensky, M. (2006). *Don't bother me mom—I'm learning*. St. Paul, MN: Paragon House.

Prensky, M. (2010). *Teaching digital natives—Partnering for real learning*. Thousand Oaks, CA: Corwin.

Rae-Dupree, J. (2008). Let computers compute. It's the age of the right brain. New York Times, April 6. Retrieved from http://www.nytimes.com/2008/04/06/technology/06unbox.html.

Reeves, T. (1998). The impact of media and technology on schools. Bertelsmann Foundation. itech1.coe.uga.edu/~treeves/edit6900/BertelsmannReeves98.pdf

Richardson, W. (2008). *Blogs, wikis, podcasts, and other powerful web tools for classrooms*. Thousand Oaks, CA: Corwin.

Rideout, V. & Hamel, E. (2006). *The media family: Electronic media in the lives of infants, toddlers, preschoolers, school age children and their parents*. Chestnut Hill, MA: Boston College.

Shirky, C. (2008). *Here comes everybody: The power of organizing with organizations*. New York: Penguin Press.

Singleton, D. & Lengyl, Z. (1995). *The age factor in second language acquisition*. Bristol, UK: Multilingual Matters Ltd.

Small, G. & Vorgon, G. (2008). *iBrain: Surviving the technological alteration of the modern mind*. New York: Harper Collins.

Sousa, D. (2005). *How the brain learns*. Thousand Oaks, CA: Corwin.

Tapscott, D. (2008). *Wikinomics: How mass collaboration changes - everything*. New York: McGraw-Hill.

Tapscott, D. (2009). *Grown up digital: How the net generation is changing your world*. New York: McGraw-Hill.

Trilling, B. & Fadel, C. (2009). *21st century skills: Learning for life in our times*. San Francisco: Jossey-Bass.

Wilson, W. (1909, January). *The meaning of a liberal education*. New York: High School Teachers Association Address.

Wong, G. (2011, May). YouTube: More than 48 hours of video uploaded every minute. *Übergizmo*, May 25. Retrieved from http://www.ubergizmo.com/2011/05/youtube-more-than-48-hours-minute/

Wurman, R. S. (2002). *Information anxiety*. New York: Hayden.

Zemke, R. (1985). *Computer literacy needs assessment—A trainer's guide*. New York: Addison Wesley.

Zittrain, J. (2008). *The future of the Internet—And how to stop it*. New York: Yale University Press.